陳福成著

陳福成著作全編

第三冊 解開兩岸十大弔詭

文史哲出版社印行

國家圖書館出版品預行編目資料

陳福成著作全編 / 陳福成著. -- 初版. --臺北市：文史哲,民 104.08
頁： 公分
ISBN 978-986-314-266-9（全套：平裝）

848.6　　104013035

陳福成著作全編

第三冊　解開兩岸十大弔詭

著　者：陳　福　成
出版者：文　史　哲　出　版　社
http://www.lapen.com.tw
登記證字號：行政院新聞局版臺業字五三三七號
發行人：彭　正　雄
發行所：文　史　哲　出　版　社
印刷者：文　史　哲　出　版　社
臺北市羅斯福路一段七十二巷四號
郵政劃撥帳號：一六一八〇一七五
電話886-2-23511028 ・ 傳真886-2-23965656

全 80 冊定價新臺幣 36,800 元

二〇一五年（民一〇四）八月初版

ISBN 978-986-314-266-9　08981

陳福成著作全編總目

總序：陳福成的一部文史哲政兵千秋事業

陳福成先生，祖籍四川成都，一九五二年出生在台灣省台中縣。筆名古晟、藍天、司馬千、鄉下人等，皈依法名：本肇居士。一生除軍職外，以絕大多數時間投入寫作，範圍包括詩歌、小說、政治（兩岸關係、國際關係）、歷史、文化、宗教、哲學、兵學（國防、軍事、戰爭、兵法），及教育部審定之大學、專科（三專、五專）、高中（職）等各級學校國防通識（軍訓課本）十二冊。以上總計近百部著作，目前尚未出版者尚約二十部。

我的戶籍資料上寫著祖籍四川成都，小時候也在軍眷長大，初中畢業(民57年6月)，投考陸軍官校預備班十三期，三年後（民60）直升陸軍官校正期班四十四期，民國六十四年八月畢業，隨即分發野戰部隊服役，到民國八十三年四月轉台灣大學軍訓教官。到民國八十八年二月，我以台大夜間部（兼文學院）主任教官退休（伍），進入全職寫作高峰期。

我年青時代也曾好奇問老爸：「我們家到底有沒有家譜？」

他說：「當然有。」他肯定說，停一下又說：「三十八年逃命都來不及了，現在有個鬼啦！」

兩岸開放前他老人家就走了，開放後經很多連繫和尋找，真的連鬼都沒有了，茫茫無垠的「四川北門」，早已人事全非了。

但我的母系家譜卻很清楚，母親陳蕊是台中縣龍井鄉人。她的先祖其實來台不算太久，按家譜記載，到我陳福成才不過第五代，大陸原籍福建省泉州府同安縣六都施盤鄉馬巷。

第一代祖陳添丁、妣黃嫣名申氏。從原籍移居台灣島台中州大甲郡龍井庄龍目井字水裡社三十六番地，移台時間不詳。陳添丁生於清道光二十年（庚子，一八四〇年）六月十二日，卒於民國四年（一九一五年），葬於水裡社共同墓地，坐北向南，他有二個兒子，長子昌，次子標。

第二代祖陳昌（我外曾祖父），生於清同治五年（丙寅，一八六六年）九月十四日，卒於民國廿六年（昭和十二年）四月二十二日，葬在水裡社共同墓地，坐東南向西北。陳昌娶蔡匏，育有四子，長子平、次子豬、三子波、四子萬芳。

第三代祖陳平（我外祖父），生於清光緒十七年（辛卯，一八九一年）九月二十五日，卒於（年略記）二月十三日。陳平娶彭宜（我外祖母），生光緒二十二年（丙申，一八九六年）六月十二日，卒於民國五十六年十二月十六日。他們育有一子五女，長子陳火，長女陳變、次女陳燕、三女陳蕊、四女陳品、五女陳鶯。

以上到我母親陳蕊是第四代，到筆者陳福成是第五代，與我同是第五代的表兄弟姊妹共三十二人，目前大約半數仍在就職中，半數已退休。

寫作是我一輩子的興趣，一個職業軍人怎會變成以寫作為一生志業，在我的幾本著作都詳述（如《迷航記》、《台大教官興衰錄》、《五十不惑》等」。我從軍校大學時代開始寫，從台大主任教官退休後，全力排除無謂應酬，更全力全心的寫（不含為教育部編著的大學、高中職《國防通識》十餘冊）。我把《陳福成著作全編》略為分類暨編目如下：

壹、兩岸關係

①《決戰閏八月》②《防衛大台灣》③《解開兩岸十大弔詭》④《大陸政策與兩岸關係》。

貳、國家安全

⑤《國家安全與情治機關的弔詭》⑥《國家安全與戰略關係》⑦《國家安全論壇》。

參、中國學四部曲

⑧《中國歷代戰爭新詮》⑨《中國近代黨派發展研究新詮》⑩《中國政治思想新詮》⑪《中國四大兵法家新詮：孫子、吳起、孫臏、孔明》。

肆、歷史、人類、文化、宗教、會黨

⑫《神劍與屠刀》⑬《中國神譜》⑭《天帝教的中華文化意涵》⑮《奴婢妾匪到革命家之路：復興廣播電台謝雪紅訪講錄》⑯《洪門、青幫與哥老會研究》。

伍、詩〈現代詩、傳統詩〉、文學

⑰《幻夢花開一江山》⑱《赤縣行腳・神州心旅》⑲《「外公」與「外婆」的詩》、⑳《尋找一座山》㉑《春秋記實》㉒《性情世界》㉓《春秋詩選》㉔《八方風雲性情世界》㉕《古晟的誕生》㉖《把腳印典藏在雲端》㉗《從魯迅文學醫人魂救國魂說起》㉘《60後詩雜記詩集》。

陸、現代詩（詩人、詩社）研究

㉙《三月詩會研究》㉚《我們的春秋大業：三月詩會二十年別集》㉛《中國當代平民詩人王學忠》㉜《讀詩稗記》㉝《嚴謹與浪漫之間》㉞《一信詩學研究：解剖一隻九頭詩鵠》㉟《囚徒》㊱《胡爾泰現代詩臆說》㊲王學忠籲天詩錄。

柒、春秋典型人物研究、遊記

㊳《山西芮城劉焦智「鳳梅人」報研究》㊴《在「鳳梅人」小橋上》㊵《我所知道的孫大公》㊶《孫大公思想主張手稿》㊷《金秋六人行》㊸《漸凍勇士陳宏》。

捌、小說、翻譯小說

㊹《迷情・奇謀・輪迴》㊺《愛倫坡恐怖推理小說》。

玖、散文、論文、雜記、詩遊記、人生小品

㊻《一個軍校生的台大閒情》㊼《古道・秋風・瘦筆》㊽《頓悟學習》㊾《春秋正義》㊿《公主與王子的夢幻》(51)《洄游的鮭魚》(52)《男人和女人的情話真話》(53)《台灣邊陲之美》(54)《最自在的彩霞》(55)《梁又平事件後》。

拾、回憶錄體

(56)《五十不惑》(57)《我的革命檔案》

(58)《台大教官興衰錄》(59)《迷航記》(60)《最後一代書寫的身影》(61)《我這輩子幹了什麼好事》(62)《那些年我們是這樣寫情書的》(63)《那些年我們是這樣談戀愛的》(64)《台灣大學退休人員聯誼會第九屆理事長記實》。

拾壹、兵學、戰爭

(65)《孫子實戰經驗研究》(66)《第四波戰爭開山鼻祖賓拉登》。

拾貳、政治研究

⑰《政治學方法論概說》⑱《西洋政治思想概述》⑲《中國全民民主統一會北京行》⑳《尋找理想國：中國式民主政治研究要綱》。

拾參、中國命運、喚醒國魂

⑴《大浩劫後：日本311天譴說》、《日本問題的終極處理》⑵《台大逸仙學會》。

拾肆、地方誌、地區研究

⑶《台北公館台大地區考古・導覽》⑷《台中開發史》⑸《台北的前世今生》⑹《台北公館地區開發史》。

拾伍、其他

⑺《英文單字研究》⑻《與君賞玩天地寬》（別人評論）⑼《非常傳銷學》⑽《新領導與管理實務》。

我這樣的分類並非很確定，如《謝雪紅訪講錄》，是人物誌，但也是政治，更是歷史，說的更白，是兩岸永恆不變又難分難解的「本質性」問題。

以上這些作品大約可以概括在「中國學」範圍，如我在每本書扉頁所述，以「生長在台灣的中國人為榮」，以創作、鑽研「中國學」，貢獻所能和所學為自我實現的途徑，以宣揚中國春秋大義、中華文化和促進中國和平統一為今生志業，直到生命結束。我這樣的人生，似乎滿懷「文天祥、岳飛式的血性」。

抗戰時期，胡宗南將軍曾主持陸軍官校第七分校（在王曲），校中有兩幅對聯，一是「升官發財請走別路、貪生怕死莫入此門」，二是「鐵肩擔主義、血手寫文章」。前聯原在廣州黃埔，後聯乃胡將軍胸懷，「鐵肩擔主義」我沒機會，但「血手寫文章」的

「血性」俱在我各類著作詩文中。

人生無常，我到六十三歲之年，以對自己人生進行「總清算」的心態出版這套書。

回首前塵，我的人生大致分成兩個「生死」階段，第一個階段是「理想走向毀滅」，年齡從十五歲進軍校到四十三歲，離開野戰部隊前往台灣大學任職中校教官。第二個階段是「毀滅到救贖」，四十三歲以後的寫作人生。

「理想到毀滅」，我的人生全面瓦解、變質，險些遭到軍法審判，就算軍法不判我，我也幾乎要「自我毀滅」；而「毀滅到救贖」是到台大才得到的「新生命」，我積極寫作是從台大開始的，我常說「台大是我啟蒙的道場」有原因的。均可見《五十不惑》、《迷航記》等書。

我從年青立志要當一個「偉大的軍人」，為國家復興、統一做出貢獻，為中華民族的繁榮綿延盡個人最大之力，卻才起步就「死」在起跑點上，這是個人的悲劇和不智，正好也給讀者一個警示。人生絕不能在起跑點就走入「死巷」，切記！切記！讀者以我為鑑！在軍人以外的文學、史政有這套書的出版，也算是對國家民族社會有點貢獻，對自己的人生有了交待，這致少也算「起死回生」了！

順要一說的，我全部的著作都放棄個人著作權，成為兩岸中國人的共同文化財，而台北的文史哲出版有優先使用權和發行權。

這套書能順利出版，最大的功臣是我老友，文史哲出版社負責人彭正雄先生和他的夥伴們。彭先生對中華文化的傳播，對兩岸文化交流都有崇高的使命感，向他和夥伴致上最高謝意。

台北公館蟾蜍山萬盛草堂主人　陳福成　誌於二〇一四年
五月榮獲第五十五屆中國文藝獎章文學創作獎前夕

解開兩岸10大弔詭

陳福成◎著

蒼生苦難多，天災、人禍、台灣「九二一」、美國「九一一」……

我們卻無力普度，

就從關懷貧童開始吧！

本書版稅贈捐貧童認養基金（CCF），

感謝購買本書的人，感謝您的慈悲。

（本書版稅捐贈中華民國兒福貧童認養基金會）

本書作者誌

自序

陳福成

這本書是寫給國內各族群、各黨派及關心此類問題的人士看，希望有助於您打開糾纏在心中的結，掙脫制壓在身上的框架。

當然，海峽對岸各族群、各黨派及關心此類問題的人士，也希望有機會看到本書。也有助於您打開糾纏在心中的結，掙脫制壓在身上的框架。

只有打開心結，掙脫框架，讓思想自由、心靈奔放，才更能看清本書「十大弔詭」的真相，做正確的判斷與選擇。

我保證，我本平心靜氣，理性客觀，針對每個弔詭的問題，都同時把利弊剖析出來，告訴我的讀者：甚麼是最有利的選項？也讓讀者知道：真相是甚麼？

本書能夠出版，端賴黎明文化公司同仁對社會的使命感，對文化事業的熱情，頂力促成推動，才有機會與讀者見面，特致最深謝意。

目錄

CONTENTS

第二詭　獨立，從此以後過著幸福與美滿的日子嗎？

第三詭　統一，從此以後我最大嗎？

開場白——

爲甚麼要寫這本書？

在目前台灣地區的出版市場上，有關兩岸關係、台灣前途及中國之未來等之類的出版品，可能是「其為書，處則充棟宇，出則汗牛馬。」，為甚麼還要寫這本書呢？首先在開場白要交待清楚，讓讀者的第一視覺滿意，並認有理、有需要才行。

中國問題（或叫台灣、兩岸問題）為甚麼百年難解，從十九世紀開始，渡過二十世紀紛的一百年，仍止於「百年思索」，現在又進入嶄新的二十一世紀，難題更加難纏難解，要打不敢打，代價太大；要和不能和，面子、裡子及意識形態都在作怪；想解嘛！門徑方法又在那裡？就這樣拖著、擺著，不論做為台灣人或中國人，都看不清楚自己有甚麼好的未來。只在這個混沌濁亂的社會中勉力掙扎，每日看著社會的亂和政壇的惡，不知道該把大家的「大未來」寄託在那裡？國民黨、民進黨，還是親民黨？還是共產黨的一國兩制？

有許多人乾脆遠走他鄉，加拿大、美國、紐西蘭、澳洲……再差的也選擇大陸，不論是財是人，能走的儘量走，當然，就個人生涯規劃或事業轉型，或為尋找第二春，或為子女著想，都是一種不錯的選擇。

局面何以至此？我不走，我還是留在台灣，為思索這些問題，有「人在其中、近身觀察」之便，原來是有一班極弔詭的問題，如魑魅魍魎般的在我們（台灣人和中國人）心中糾纏蠱惑，這一班是「魔鬼班」，個個是班長，包括夢想與現實、統一與獨立、整合與交流、民族主義的衝突、兩岸關係國際關係、戰爭與和平，及國家安全與生存等，概有「十大弔詭」。其中每一詭都如孫悟空會七十二變，加上內外各種主客觀環境的滋洗，詭詭都成了「神魔一體的化身」，人如何鬥神魔？難也！

兩岸的學者和政治人物都在思索如何擺平這些神魔，讓兩岸「人」有希望，讓人好好過日子，吾所見過當代海內外的中國人（台灣人），不論其人或著作，大多只想解決一詭或二、三詭的問題，例如搞台獨的專搞台獨，不顧其他；打統一牌的專打統一牌，也不管其他。本書則從宏觀、全面的整體角度，讓這些問題——十大神魔——十大弔詭與人同台表達意見，筆者堅信只有讓「神魔人」在公平公開的場域申論己見，才能找出共生共存共同發展之路，此乃作者研究本問題，寫作本書所保持一貫信念，不獨厚其任一也！

本書在寫作、研究方法上，參考一般學術研究的規範，做到有幾分證據說幾分話，使人、事、時、地、物都可供查考，以取信於各家讀者。但作者也期望本書成為大眾讀物，在用詞上儘可能「去學術味」，減少使用學術專有名詞，非必要不加註釋，用平易近詞的語句，使用大眾口味（術語），拉近作者與讀者的距離。凡此，只為便於各家陳述溝通，看懂我的東西，亦有利於解開十詭也！

第一詭 好夢怎難圓？

這一百多年來，兩岸的人們都在圓一些夢，
但要圓個人的夢，如做自己喜歡的事，娶個好老婆，
只要努力、用心，大都做得到。

圓政黨的夢也不難，只要奪得天下，取得政權就算圓了夢，
共產黨、國民黨、民進黨都圓夢了，夫復何求呢？

但圓國家的夢卻很難，
「三民主義新中國」今安在？「無產階級的天堂」如何了？
好夢怎難圓？

第一夢

三民主義新中國——中華民國

國家之夢通常在建國之初，或某一黨派政治勢力取得政權時，就會用各種形式佈告於國內國外。之後，再隨著各政治勢力的妥協或消長，逐漸形成比較具體可行的內容，經一定的程序置在憲法或重要文件中，國家目標於焉形成。這便是國家畫給人民的大餅——全民期待「不久的將來」一定會實現的大夢。中國近代第一個全民的大夢應該是革命成功，國父建立亞洲第一個民主共和國——中華民國——未來的三民主義新中國。以下分兩項談談這個大夢的內容和現況。

壹、三民主義新中國的內容——夢之解析

民國元年國家建立後，有許多重要文件，如「臨時大總統就職宣言」、「臨時約法」、「國民黨第一次全代會宣言」等，多為人民畫過完美的夢境，惟最具體莫過於建

國方略、建國大綱、三民主義，及最後頒行的中華民國憲法。通常我們用法國大革命的「自由、平等、博愛」或美國林肯總統的「民有、民治、民享」來形容我們的夢境，叫做「民族、民權、民生」，曰「三民主義」。再解析夢境的具體內容。

在民族主義方面首先要做到本民族自求解放，中國民族與世界各民族是平等的，再不能被歧視，甚與狗一樣看待。其次是中國境內各民族一律平等，不論漢、滿、蒙、回、藏及其他少數民族，必須是平等相互尊重，各民族的風俗、語言、文化等也都受到保護，國父特別提到漢族要放棄「大漢族主義」，與各民族平等往來。最後更要解放全世界被壓迫的民族，此即濟弱扶傾。如同現在的美國，當世界盟主，主持世界正義一樣。

在民權主義方面，一言以蔽之，曰「民主政治」，大略就是美式民主政治模式，國父最推崇美國的政黨政治（兩黨制），至少有三十多篇演講在闡揚政黨政治之理念與實踐。故若依國父之意來看這次李扁的政黨輪替，在不改變國家目標前提下，是會給予高度肯定的。當然，對他自己所創的黨竟如此不長進，也一定很傷心。其他要實現的制度還有權能區分、五權憲法、均權制度、直接民權等，對政治制度的設計雖有規劃，但並非「永久的真理」，此在他老人家寫三民主義時就有說明。後人曾把三民主義教條化，當成「絕對真理」，用來打壓不信仰真理的人，如何叫他老人家「放心的去」。

我最欣賞民生主義，可謂完全解決了人生的生、老、病、死、食、衣、住、行、育、樂等所有的問題。若民生主義能全部實現，則每一個中國人從生到死都是過著幸福與美滿的日子；整個社會如同天堂般完美，沒有暴力，沒有黑道與色情，沒有任何人須要用到「搖頭丸」或「搖腳丸」。例如對養育問題的規範，普設托兒所，兒童保健院來解決兒童問題；辦理社會保險醫療解決國民健康問題；建立年老退休制度、養老金制度，及普設公家養老院，解決老年問題；最後每市每鄉設公墓，解決喪葬問題。

貳、三民主義新中國的範圍——餅有多大

亞洲第一個民主共和國，也是全世界最大的民主國家。（蘇聯一九一七年共產革命，之前是專制王朝，之後是共產大國，都不能稱民主國家，故在民主形式上都不能與中華民國相提並論。）這個餅夠大夠嚇人吧！可惜內戰連年，外患不斷，帝國主義和國際共黨都在垂涎這塊全世界最大的餅。蘇聯首先拿走蒙古（蒙古在民國十年獨立），俄共在「列寧與東方民族的解放」一書談到蒙古時說，蒙古是俄共以外東方第一個實現列寧主義的非資本主義發展中的蘇維埃共和國。當然，蒙古現在已是民主國家，且是聯合國的成員之一，中華民國反而被逐出聯合國大門外，真是情何以堪啊！在我們憲法中仍然規定著蒙古事務，視蒙古為中華民國領土！

蔣中正先生所領導的國民黨依然儘一切力量想要建設三民主義新中國，無奈日本侵略中國日急，國際共黨積極赤化中國，毛澤東等人所領導的中國共產黨日亦壯大。國民革命軍縱使人人如孫悟空，也不能邊打日本鬼子邊剿共，還要應付蘇聯在背後插刀。終於，共產黨拿走了整塊大餅，三民主義新中國剩下台澎金馬幾個小島。與最初的大餅一比，現在只算幾塊碎砂吧！

復興基地雖小，國民黨終能發奮圖強，台灣沒有「菲律賓化」或「印尼化」，而走上現代化道路，建立現代政治及經濟制度，總算為三民主義新中國留下一粒種子，有種子就有希望。這一點，飲水思源說良心話，國民黨是有功勞的。副總統呂秀蓮於九十年四月十六日出席國家展望文教基金會就說，假如沒有台灣作為中流砥柱，共產主義早已赤化亞太地區，全世界欠台灣一個人情。可見蔣家兩代領導國民黨堅持反共道路是正確的，當時的基礎造就台灣今天的自由、民主、繁榮與進步。

可惜李登輝接掌大位後變質了，外界對他最嚴厲的批判是「明統暗獨，迫害忠良」，目的是搞垮國民黨，把政權轉移給民進黨。終於八十六年十一月二十九日晚上，地方政權讓給民進黨，八十九年三月十八日再把中央政權讓給民進黨。政黨輪替在一般民主國家是常態，因為國家目標和重大政策並未改變。但民進黨的目標是建立「台灣共和國」，所以所謂「中華民國」事實上是真的亡國了。

所幸夢境仍然在，看看國人自己出版的地圖，如內政部八十七年六月三日出版的中華民國全圖，仍是「一隻老母雞蹲在秋海棠上」。蒙古、海南島、整個南海，乃至釣魚台等，都還是中華民國領土，憲法第一條還是「中華民國基於三民主義，為民有民治民享之民主共和國。」，三民主義新中國這塊大餅仍是一千一百餘萬平方公里。

三民主義新中國何以淪落到今天這個夢碎餅破的地步？要追究誰的責任？可以數出幾大穀蘿框，包括袁世凱、陳炯明、蔣中正、蔣經國、李登輝……甚至毛澤東、陳水扁……都要負責，他們有的是丟掉餅的人，有是拿走餅的人，還有，那些大權在握的整個領導階層、黨員們，當時的人們，都是有責任的。在民國三十年代，如果不是廣大的人民群眾對共產主義產生普遍而瘋狂的「哈共潮」，那有毛澤東那班人的舞台？

現在事已境遷，往事如煙，追究何用？感覺上像李後主「虞美人」：春花秋月何時了，往事知多少，小樓昨夜又東風，故國不堪回首明月中。就讓三民主義新中國繼續在夢境中吧！至少夢總有些美感！

第二夢

無產階級的天堂——中華人民共和國

「無產階級的天堂」之夢，來自對資本主義社會的腐化、惡化、黑暗、物化和墮落的反動，對資本家慘無人道的剝削，此種罪惡資本主義社會到十九世紀中葉達到極端。共產主義者終於號召無產階級起來革命，先有一八四八年的「馬恩共產主義宣言」，主張世界各國推翻現政權，由無產階級專政，產除一切罪惡，建立「無產階級的天堂」。蘇聯在一九一七年共產革命成功，到第二次世界大戰前後，含中國在內有將近半個地球的國家（人口），是已經住進了「無產階級的天堂」。現在還有許多人在做這個「天堂夢」。

壹、中華人民共和國——夢之解析

中國共產黨在民國十年建黨，經過二十多年的努力，終於建立共產政權，中華人民共和國。一九四九年九月二十一日，毛澤東發表「中國人民站起來了」一文說：

佔人類總數四分之一的中國人從此站立起來了……我們團結起來，以人民解放戰爭和人民大革命打倒了內外壓迫者，宣佈中華人民共和國的成立了。我們的民族從此列入愛好和平自由的世界各民族的大家庭，以勇敢而勤勞的姿態工作著，創造自己的文明和幸福，同時也促進世界的和平和自由。我們的民族將再也不是一個被人侮辱的民族了，我們已經站起來了。（一九七七年四月北京人民出版社，毛澤東選集，第五卷）

後來逐年再建立各項政經制度，形之於憲法，使天堂之夢更加具體化，憲法雖有多次修訂，但基本原則是不變的。例如在憲法序言中一再強調，中國人民掌握了國家的權力，成為國家的主人。中華人民共和國成立以後，我國社會逐步實現了由新民主主義到社會主義的過渡。生產資料私有制的社會主義改造已經完成，人剝削人的制度已經消滅，社會主義制度已確立。工人階級領導的，以工農聯盟為基礎的人民民主專政，實質上即無產階段專政，得到鞏固和發展。憲法第一章總綱（有三十二條）也標示由人民行使國家權力、族群平等、各種自由權和財產權、武裝力量屬於人民。第二章也規定公民有言論、出版、集會、結社、遊行、示威、人格尊嚴不受侵犯、人身自由不受侵犯等自由。（參閱「中華人民共和國憲法」，一九八二年十二月四日第五屆全代會通過。）

光看文字一定發現這是全世界最完美的夢，對人民權利的保障比西方各民主先進國家徹底，而事實如何？大家都知道的，永不休止的政治鬥爭運動，三反、五反、人民公社、文化大革命……胡整瞎整死了將近七千萬條人命，當政者竟無所動容。一九五四年十月下旬，印度總理尼赫魯訪問中國，毛這樣告訴尼：「我不相信原子彈有那麼不得了，中國這麼多人，炸不完。而且原子彈你能放，我也能放。炸死一千萬、兩千萬算不得什麼。」尼赫魯大為吃驚。後來毛在一九五七年於莫斯科演講又說過，中國就算死了一半人口（三億人）也算不上什麼，我們可以再製造更多人。（見李志綏著，毛澤東私人醫生回憶錄，時報出版，一九九四年。）

這是「無產階級的天堂」夢境實況，說與做之間，夢境與現狀是澈底相背、衝突的。

貳、中國式社會主義與經濟改革——夢之修正

說與做，夢與現狀若長期處於相衝突，必然導至「亡黨亡國」。這一點戈巴契夫的垮台，蘇聯的解體提供中國共產黨很好的範例，鄧小平就認為戈巴契夫先把共產黨搞敗

了，當然不能領導改革，黨一分裂就發生國家分裂和民族矛盾，終於不可收拾。所以中國必須把黨的力量凝聚起來，集中力量搞經濟建設，鄧小平堅定的認為中國走有自己特色的社會主義道路是對的。這個特色稱之「中國式社會主義」，以經濟建設為中心，這一點必須堅定不移，不能發生動搖。

這十多年來中共積極搞改革開放，「儘快把經濟搞上去，讓生活富裕起來」是舉國上下一致的信念。套鄧小平的說詞，「摸著石頭過河」、「不管白貓、黑貓，會抓老鼠的就是好貓。」，你可以說這叫機會主義，但也是實用主義。這條路線得到台灣及西方世界高度肯定，英國「經濟學家」雜誌評估到二十一世紀的三〇年代，中國的綜合國力會僅次於美國，成為新的經濟大國。西班牙「國家報」（Elpais）文化與民意論壇版主管維爾度（Vicente Verdu）的新書「中國：超級巨星」（China Superstar），根本認為中國會是二十一世紀世界舞台的新主人。看來改革開放之夢才更吸引中國人民。

參、但是，中華人民共和國之夢將如何？

夢最大的好處是怎麼解都要叫人滿意才行，例如同樣夢到切開一個梨子，可以解成「分離」，也解成「分梨見子」。中國之未來如何？全世界都在解讀或預測，管他甚麼「無產階級的天堂」或「中國式社會主義」，人民想要知道中華人民共和國將會如何？如果這棵大樹垮了，無數的人（全世界）都會遭殃。最差的觀察是不出十年就要夢滅餅碎，這是民運領袖王炳章在一九九八年就說的，他把中國和中共區隔開來，認為中國會越來越強盛，中共會越來越衰弱，第一個原因是貧富懸殊太大，富可敵國，窮無粒米；第二是大陸特權階級與老百姓之間的矛盾；第三是落後與先進地方的矛盾；第四是中央與地方間的矛盾；第五是內部不可遏阻的腐敗和貪污；最後是政府人員的忠誠意識已經喪失，果如此，無產階級的天堂完了，中國式社會主義垮了，夢將如何？

不管中共政權如何？十二億的中國人每天還是要吃飯、要過日子，最好真的能全面的富強民主起來。這個夢要有點希望，還是得靠在大陸的中國人自己努力，共產黨的「國際歌」一再的唱著：「從來就沒有救世主，也不靠神仙皇帝。要創造人類的未來，只能靠我們自己。」

其實，我們這些住在台灣的人，也希望大陸上的中國人真的像住在天堂一樣快活，真的快富強民主起來；屆時第一個考慮移民的地方絕不是美國或加拿大，而是有故鄉味的中國大陸。

第三夢

幻夢中的王國——從「台灣民主國」到「台灣共和國」

台灣獨立之夢應是近代中國人的第一個國家之夢外，另一個「異夢」。一八九五年（光緒二十一年），中日甲午戰爭清國戰敗，三月李鴻章與日本簽訂「馬關條約」割讓台灣，五月宣佈獨立，是謂「台灣民主國」。此後的一百多年，台獨運動風起雲湧，「二二八事件」後，特別是民國四十年代後，「台灣共和國」似已在海外播下種子，並利用台灣解嚴後的環境滋養壯大，企圖在島內收割。夢織的怎樣了？

壹、三之一夢——台灣民主國的實相

話說台灣割讓日本，李鴻章還落井下石說，台灣是個鳥不語、花不香、女無情、男無義的地方。所幸當時台民還有點骨氣，在「台灣民主國獨立宣言」中說，吾台民，誓不服倭，與其事敵，寧願死亡。爰經會議決定，台灣全島自主，改建民國，官吏皆由民選，一切政務從公處置。但爲禦敵及推行政事，必須有一元首，俾便統率，以維秩序而保安寧。巡撫兼署台灣防務唐景崧，爲人民所敬仰，故由會議公推爲民主國總統。接著並電報奏清政府：台灣士民，義不臣倭，願爲島國，永戴聖清。另在成立的新政府公告中亦稱，今已無天可籲，無人肯接，台民唯有自主，推擁賢者，權攝台政，事平之後，當再請命中國作何辦理。

但當日軍迫近台灣，唐景崧卻棄印潛逃內地，百姓無主，再由「全台人民大會」公舉黑旗將軍劉永福為民主國大總統，統領全台軍政要務，總算與日軍週旋數月。幾個月後日軍還是佔領全台，劉永福在英國人保護下回廣州述職。「台灣民主國」成立一百四十八天而告終。

從這段歷史著，當時的「獨立」是獨立於帝國主義之外，並非獨立於本民族之外。再者，古今中外的國家成立亦無所謂「暫時」建國，更無須「請命」於另一國等事。還有重要的是在國際上「無天可籲，無人肯援」，台灣民主國注定只存在於幻夢中，是一種想像中的王國。

貳、二之二夢——台灣共和國的實相

「二二八事件」後的台獨運動，每個年代都有逢勃發展，大體上是先由海外再向島內漫延。民國三十九年廖文毅在東京組「台灣獨立黨」，四十四年成立「台灣共和國臨時議會」，次年成立「臨時政府」；一九六五年蔡同榮、張燦鍙等人在美國的「台獨聯盟」；一九七〇年彭明敏也在美國成立「台美協會」。美麗島事件後，有十個獨派團體在紐約組成「台灣建國聯合陣線」，最激烈的時候，許信良曾引用列寧「階段革命理論」，主張以暴力革命方式推翻國民黨政權。

隨著政治環境的改變，民進黨得以成立，這是海內外獨派勢力在國內正式組織化的起點，初期以「住民自決論」為立基，接著以「台灣主權獨立論」繼之，民國八十年十月民進黨五全大會提案「建立主權獨立自主的台灣共和國」，此即「台獨黨綱」，同時主張以台灣名義「重新」加入聯合國。在此之前（八十年八月）先已提出「台灣共和國憲法草案」，其領土範圍有台灣本島、澎湖群島、金門、馬祖附屬島嶼。其國旗、國徽及國歌以法律定之。

從「台獨黨綱」提出十年來，民進黨採取「以地方包圍中央」的策略，不僅已經取得地方政權，八十九年的總統大選更拿下中央政權，所以實質意義上說，民進黨已算是「打倒蔣家政權，推翻國民黨統治」，某種象徵意義的「台灣共和國」已經成立。但是，為甚麼民進黨兩位主席（許信良、施明德）都宣佈說，民進黨執政也不會宣佈台灣獨立，八十八年五月民進黨第八屆全代會以高度共識通過「台灣前途決議文」，首度承認中華民國國號。從現在陳水扁的「新中間路線」言行觀察，「台灣共和國」已經存檔，但中華民國總統的樣子也不太像，或許這就叫「中間」，不像左，也不像右，只是台灣共和國仍是夢幻中的王國。

參、台灣民主國到台灣共和國：幻夢原因探討

為什麼近代台獨運動都趨向幻夢？前後歷史場景不同，但原因相同，都如台灣民主國新成立時公告說的「無天可籲、無人肯援」兩件事情。「天」者是任何國家政權成立或存在的合法性（Legitimacy）基礎，「人」者則是其合法（Legality）依據。合法性是一種存在於社群中有意識與無意識默認信守的天經地義，是政治上有效統治的必要基礎，是治者與被治者間共認的理則或信念。合法則只是形式上的法律程序，例如議會通過，元首公佈就可叫合法，這只是指國內法。而國家的成立則須要國際法上的認可程序，以上兩者（天和人的因素）缺一不可。

用一個不太雅觀的例子說明，在一棟三房兩廳的房子裡，有一天廁所對客廳說：「我要獨立！」三個房間和廚房都笑翻了！為什麼？三房兩廳的地緣關係本是一體的，合則共存，分則共亡，廁所想要獨立，只有一途——整棟房子打掉重建。

第四夢

中華民國在台灣——正面臨夢幻化的危機

在兩蔣時代的「三民主義新中國」或「三民主義統一中國」，並未引起中共的文攻武嚇，原因是心理上他們仍維持一個中國的認知。但到李登輝時代的「中華民國在台灣」，尤其是「兩國論」提出後，不論國內各黨派，甚至中共都強烈感受到這是一種分離主義，目的是要讓台灣和中國脫離關係，國內和中共稱李登輝搞的這個路線叫「獨台」，儘管民進黨現在只能暫時「忍受」中華民國，「台獨」仍是獨派人士的美夢。在「獨台」與「台獨」的裡應外合下，「中華民國在台灣」正在快速質變而趨於幻化的危機。

壹、民進黨的台獨「中華民國在台灣」

八十八年元月三日，民進黨針對「台獨黨綱」應否修訂進行黨內辯論，提出修正案的沈富雄代表認為民進黨的台獨應稍微把李登輝的「獨台」吸納進來。因為李登輝的「獨台」是「偷」了民進黨的台獨政策，即然獨台可以「偷」台獨，那麼台獨當然也能效法；二者（獨台和台獨）是連續且部分重疊的關係，此時此刻必須加以運用（利用）。這是持續施明德當主席開始進行的台獨意涵調整工程，打從否定國民黨政權的合法性，經過總統直選不得不接受國民黨的合法政權，這是一個重大的轉折點。

即然國民黨已是合法政權，民進黨的台獨論述由「追求台獨」轉向「台灣已經是主權獨立的國家」，主權即已獨立，就沒有必要再追求台獨。此在民進黨內已有共識，台獨黨綱的提案人林濁水稱之「獨立已經成功，建國尚未完成」，台獨公投則轉變成「反統一公投」。

到民進黨八屆全代會（八十八年五月八日），向前轉型一大步通過「台灣前途決議文」，首度接受中華民國的國號。決議文的重大主張包括「台灣為主權獨立的國家、台灣應揚棄一個中國的主張、完成公投的法制化工程。」到此時總結民進黨各派系的意見形成的共識，中華民國只能「容忍」不能「承認」（姚嘉文），現階段台灣的國號是「變動的」（林義雄），中華民國是目前事實需要的國號（林濁水），承認中華民國是「實然」不是「應然」（李應元）。

不到一年民進黨終於拿下中央執政權，這是「台獨」加「獨台」的效果，獨台造成國民黨再分裂，民進黨則漁翁得利。綠色執政轉眼一年，觀察執政者對「國統綱領」採取「不處理、不運作、不廢除」的策略，這與「台灣前途決議文」精神正好一致。民進黨的中華民國是一個「過渡」國號，只能暫時容忍，不能永久接受，台灣共和國仍是未來的目標。

貳、李登輝的獨台「中華民國在台灣」

李登輝搞「獨台」政策，打算丟棄原來「三民主義新中國」的理念，而把中華民國侷限在台灣地區，刻意與中國區隔開來，有二次高潮。第一次造成趙少康等人出走另組「新黨」，第二次造成宋楚瑜等更多的不滿意者另組「親民黨」。

引發國民黨第一次分裂，新黨成立，主要來自李登輝的一些反常言行，如李對司馬遼太郎說：「台灣地位未定，台灣是無主之島、國民黨是外來政權、國民黨只有兩歲。」對民進黨人說：「統一只是說說的，其實我心裡想的跟你們是一樣的！」對世台會台獨人士說「不要衝的太快，慢慢來」，又說「任內不能變更中華民國國號」。（聯合報八十三年十一月二十五日）加上台北市長「棄黃保陳」說、考試院廢考三民主義、陸委會主委蕭萬長「放棄法統、正統和代表權」說，及李的「經營大台灣」理念，在當時的「新國民黨連線」（新黨）成員的認知，這種忽統忽獨、疑統疑獨，都是違憲叛國的「獨台」

行為，「驅逐獨台、反對獨裁」成為新黨的綱領。

在國民黨內部也嚴批黨的領導者不該「走偏了方向」、「明統暗獨」，時任國民黨副主席的郝伯村在一個重大集會場上說：「目前國民黨的領導者走偏了方向，台獨縱使不是李主席造成，也是李所縱容，維護出來的。李與民進黨裡應外合，迫郝辭去行政院院長職務；李任由三民主義被廢掉；中華民國憲法的修訂，完全是李主席個人配合民進黨的要求進行。（聯合報八十四年四月二十三日）此應為國民黨來台灣後第一次分裂，原因竟是黨的領導人放棄了黨的理想，走偏了方向——走向「獨台」之路。

李登輝「獨台」理論的總結，是在他提出「兩國論」才較為明確具體；直到第二次總統大選時「棄連保陳」說及「和平轉移政權」到處迷漫，以宋楚瑜為首的一批攻治人物出而另組親民黨，經大選洗禮，國民黨竟退居「老三」。可見國內對國民黨，對李登輝不滿情緒之高昂。王作榮先生在「壯志未酬」一書中就說，李登輝並未明說搞台獨，但其言行已在進行台獨，使台灣永久脫離大陸，形成一個有別於漢族的台灣民族國家。

整個台灣的各大政治勢力，除急獨的建國黨、緩獨的民進黨、獨台的國民黨李系勢力三者已都把　孫中山先生創建的「三民主義中國」丟棄在歷史灰燼中外。餘下的國民黨連系勢力、親民黨和新黨，對三民主義中國也只能保留某些「想像空間」，所不同的是應付處理程度有差異，「以三民主義統一中國」的壯志老早雲消霧散。大陸民運領袖魏京生在八十八年元月訪台就直接的說，台灣已是「偏安一隅」的「南宋小朝廷」心態，所以在國際上成了「彎著腰勾著背」的軟弱形象。

現在中華民國在台灣又縮小成「中華民國在金馬澎」，這正面臨幻化的危機，大概只有寄望「泛國民黨系」用智慧來解除了。

第五夢

「中華人民共和國」＋「中華民國在台灣」＝？

這一題簡單的算術題，兩岸中國人，包含將中正、毛澤東等無數的政治領袖，還有現在台灣地區的朝野各領袖，大家竭盡所能，還是算不出來。顯然只有兩個原因，一個是腦袋（智慧）的問題，另一個是心（別有用心）的問題。但各方都不承認自己有問題，假如解開這個習題還要動用武力，那才是兩岸人民的悲哀。一切的美夢頓時就成了惡夢，以下試圖提出幾種「加法」。

壹、毛澤東的好辦法：中華人民共和國（中華民國）

毛澤東臨終時，最感後悔的事情之一，是在建政時未堅持繼續使用「中華民國」國名。當黨內決定使用「中華人民共和國」時，因毛澤東堅持不能拋棄「中華民國」，而一度決定在「中華人民共和國」後加上「簡稱中華民國」。此事早已不是機密，一九四九年九月二十六日，周恩來邀請黨內大老和民主黨派人士三十多人共商國號時，在下發的文件中，國號「中華人民共和國」之下即有一個簡稱「中華民國」的括弧。這項會議還決定，「中華民國」在民間使用已經很習慣，所以目前也不會禁止使用。不久中共第一屆全國政治協商會議，即通過去掉簡稱「中華民國」。

我想毛澤東當年的堅持可能是預判到未來可能面臨的兩個中國問題，早謀解決之道。當然這已成歷史，但前人的方法今人還是可以拿來用，這個辦法若是用在今日亦不失為佳構之一，兩者都沒有消失，誰也沒把誰吃掉。至於當年反對老毛構想的人說，國號太長了，也沒有國際先例。我則認為名號都是人取的，我們可以自己創例，有何不可？

貳、中華人民共和國＋中華民國在台灣＝中華民國

這是我們所見最佳的情況，但可能性有多少？不無沒有。十年前「蘇東波」效應正在發飆的時候，我們都曾經這樣期盼過，這種情況發生也充滿著各種可怕的變數。若中共像蘇聯及東歐共產國家那樣在一夜間崩解，中華民國在台灣的國民革命軍是否有能力，或敢不敢斷然揮師北伐，以武力統一中國？筆者心懷莫大之疑惑。更大的可能是大陸發生內戰，為轉移焦點乃以武力進犯台灣。

大家最希望的是中共加速進行政經改革，推行民主化及非共化政策，也可能回到中華民國的原點（孫中山、蔣介石、毛澤東的原點都是中華民國）。到這一天水到渠成，本案應是大家可以接受的。

參、中華人民共和國＋中華民國在台灣＝中國

本案在台灣朝野和大陸民間的共識最高，從領土區隔、統治權和歷史背景來看，這都是最合理合情的「事實存在」，不容否認。惟大陸高層仍多堅持「一個中國就是中華人民共和國」，這是一種「武力統一」或「一國兩制」的模式，目前都難被兩岸接受，不過有些溫和而有誠意的聲音聽起來很舒服，八十六年十一月新同盟會長許歷農等人，赴大陸訪問會見海協會長汪道涵，談話間汪對一個中國有新鮮。他說「一個中國並不等於中華人民共和國，也不等於中華民國，而是兩岸同胞共同締造統一的中國。」所謂「一個中國」，應該是「一個尚未統一的中國，共同邁向統一的中國。」許歷農建議，兩岸何妨都用「中國」這個五千年來歷代都使用的名稱，汪道涵當場肯定說「可以」。（中國時報八十六年十一月十七日）

實際上對「一個中國」說辭，北京從一九九五年一月江八點公布就有調整痕跡，大體上朝意涵抽象化、定位擴大化及兼顧現實，有彈性的解釋，即然「可以」，為何不

「行」？

肆、中華人民共和國＋中華民國在台灣＝其他

這是一個更有彈性案，鄧小平和江澤民都說過「在一個中國原則下，什麼都可以談」。即然是「什麼都可以談」，則二者之和就不一定非要叫「中華人民共和國」、「中華民國」或「中國」，大家可以選擇「其他」項。中共高層人士近年來至少有兩次這樣的見解，第一次是汪道涵接見新同盟會員（八十六年十一月十六日）時，認為一個中國原則什麼都可以談，國旗、國號當然也包括在內，而且最好是「現在進行式」，早談早好，以免「夜長夢多」。第二次是海協會的中國國際戰略研究會高級研究員王在希，於八十八年一月　二十日在舊金山訪問時說，北京談統一是有誠意的，國號都可以改，也願意尊重「中華民國仍未在台灣消失」的事實。（聯合報八十八年一月二十二日）

王在希的談話是很重的突破，歷來中共高層人士未有對外公開說尊重「中華民國在台灣」者，即言「尊重」當然可以對等談判，只可惜王在希的聲音太微弱。但這至少是一個有願景的「窗口」，我們可以從這個窗口看到很多選項。只要不打仗，兩岸可以坐下來慢慢談，慢慢選。

在第一詭中，我為大家解析中國人近代的五個大夢。其他還有很多夢，如「滿州國」

夢、「唐奴烏梁海共和國」夢、「湖南共和國」夢等，這些都不成氣候，很快如水滴般消失。前述重要的五個大夢現況是：

三民主義新中國：遙遠的夢。

中華人民共和國：無產階級的惡夢。

台灣共和國：幻夢中的王國。

中華民國在台灣：正在幻夢化中。

中華人民共和國＋中華民國在台灣＝無解。

為什麼會如此？顯然問題不在「習題」本身，而在開場白中提到的那些「魑魅魍魎」，以下各詭我會逐一解開「神魔人」的糾纏。

第二詭 獨立，從此以後過著幸福與美滿的日子嗎？

主張台灣獨立的人，常把台灣的歷史悲情，
甚至當前的政經不安歸罪於中國、中共、國民黨或統派人士，
他們真罪該萬死嗎？

就讓台灣獨立好了，
是否從此以後二千三百萬人過著幸福的日子？
不是說「有夢最美」嗎？
為了進一步解夢，看是否有機會實現，
要深入談談台灣獨立的理論與價值，百年台獨路，
各黨派的台獨比較，國際上的看法，實踐結果預判等。

第一講

台獨理論來源及其價值

八十三到八十八年間，我任職教於台灣大學，講授戰爭概論、波灣戰爭及國家安全等課程，這些範疇都會牽涉統獨問題。台大學生好辯，甚至樂於詭辯，正好我亦不畏辯。我常用一種近乎詼諧的比喻，謔而不虐的語氣對學生們說，有兩種情況台灣可以宣佈獨立，第一種若地殼滑動理論成立，台灣島向東飄移到太平洋中間則可以獨立；第二種是當全中國民主化程度很高，可以用全民自由投票方式決定，則可以獨立，而不引起動亂。

以上比喻表示台獨之所以吸引許多人投入，是有某些「理論」可循的（此處我們要區分理論、定律、真理的差別）。理論往往僅有「一點點證據」證明可行，而何時「可行」並沒有時間表，百年或萬年都有可能，在人類社會範圍內的社會科學，僅有「理論」並沒有所謂「定律」或「真理」存在。

至於所謂「價值」也是一種相對而主觀的私利概念，例如對美國有價值，對中共可能沒有價值；對台灣有價值，對日本可能沒有價值。世界上極難有一種價值具有普遍性，「民主」算是有極高價值吧！在宗教國家視如破鞋。以下我們先談台獨有甚麼價值！再談理論基礎。

壹、台獨的價值何在？

價值即是相對的，則可分成「己」和「人」兩方面。首先在「己」是提出台獨本身，不論甲午戰敗時的「台灣民主國」或現在民進黨的「台灣共和國」，最大的價值就是自己當家做主人，免於被外人（日本、中共）管制。在國際上與列國平等往來，內政與外交都是我們自主，「只要我喜歡有甚麼不可以」，多麼自由自在，這就是最大的價值。

相對的，對整個中國而言，在不同的時代「台獨」有不同價值，在日據時期台獨有反抗帝國主義統治，加速台灣回歸祖國的效應。但當台灣回歸祖國後，台獨就會產生分離主義，造成國家分裂，帶來戰爭等動亂局面。

在他「人」方面的價值，主要是美、日及共產主義者，日本知戰敗不可避免，在正規軍撤離台灣後，派遣許多地下工作者（如浪人）策動台獨，延續日本在台灣的利益，或製造糾紛以增加台灣接收、治理上的難度，利用親日的台灣人為工具，企圖扶植一個親日政權。這是日本的國家利益，也是很大的價值，民國四十年代前後日本幾成「台獨大本營」。

到了民國五十年代末期，美國與中共開始妥協，暗中推動「兩個中國政策」，部分美國學者乃倡言「台灣獨立」、「台灣中立化」、「台灣國際共管」，這是居於戰略、商業、航海及安全上的考量，企圖把台灣納入美國的勢力範圍，或成為美國的「國防戰略前緣」。此種價值是不可以金錢算計的，把台灣獨立於中國之外，讓中國永久處於分裂狀態——美國便能從中獲取最大之利——最大價值。

另外台獨對共產主義者（台共、日共）也有很大利用價值，民國六十年代國際間姑息主義瀰漫，「社會主義台獨」成為主流，中共在海外成立「台灣獨立運動促進會」，企圖使海外台獨認同中共，制定「七分島內、三分島外」政策，共同先奪取政權，再實行「人民民主專政」，此即海外台獨所稱「二階段論」。張燦鍙、洪哲勝等人此時都把「毛選」和「社會主義革命論」，奉為規繩矩木，列為學習必讀且在自己的刊物上宣揚。

全世界有許多國家都看到可以從台獨獲利，例如開羅會議討論時，英國為延續東方殖民主義，在議席上為「台灣地位未定論」佈局。凡此都美其名日「國家利益」，對他有利，對我確是傷害至深，成為百年難解的心結。

貳、台獨的理論依據

中國自古只有「大一統」思想，沒有「分離、獨立」思想，故台獨所提出的各種理論依據都是近百年來的產物，可謂林林而群，各出其盛。第一種是特殊歷史事件和經驗加以「理論化」，這是指馬關條約台灣割日和「二二八事件」。這些事件當然何其不幸，但把個別事件上綱成一種「理論」可否？看倌不仿自行判斷。我可以舉例，你能不能發現張先生有外遇，又發現李、許先生都有外遇，於是下結論「天下男人都喜歡搞女人」？或林、詹、謝三位太太有外遇後，你就下個結論「女人都是水性楊花」？

第二種是「民族自決論」，為第一次世界大戰後美國總統威爾遜提出，民進黨早期最愛用的一種理論。近代有不少新興國家在民族自決原則下獨立，但真要按此原則辦理，全世界至少要區分成五千個國家，所以民族自決也是一部滿載汽油的列車——危險、有價值。

第三種是基督教長老教會的「革命神學論」，它是國際激進宗教運動之一環，主張經由宗教運動建立「人間理想國」。在台灣的積極成員如高俊明、黃彰輝、黃武東、宋泉盛、林宗義等神職人員。民國六十六年八月高俊明發表「使台灣成為新而獨立的國家」；八十六年十月宋泉盛會見李登輝，要求舉行公民投票，展現人民自決的精神，李認為時機未到。

第四種是急獨人士提出的「黑洞理論」，借用天文學的名詞，指恒星坍縮後形成一個黑洞，任何物質（含光線）都逃逸不出去，任何東西都會被吸進而毀滅，所以任何東西要離黑洞越遠越安全。獨派引申大陸是黑洞，台灣要遠離黑洞。論者並未說明「如何」遠離，想必只有「愚公」移山有此本領。

其他還有「台灣民族混合論」、「台灣文化受日本同化論」、「台灣和平論」、「內台衝突論」、「香港化論」、「台灣革命論」等。以上諸論有些根本是無稽之說，有些是寂寞無聊的人拿出來玩玩，到底何者較有「理論性」，看倌心中是否已有了答案？

通常有價值的東西一定有其「理論」，而越有理論性的理論，通常「價值」越高。

第二講　百年台獨路

前文提到台獨有夢，又有了「理論」依據，接下來就是「力行實踐」的工夫。我們若從百年台獨路做一剖析縱觀，還是發現幾代人如跑接力賽般，代代傳承。其間有許多烈士前赴後續，不怕死，不怕關，也是可歌可泣，行動力非常旺盛。

「台灣民主國」雖很快被日本消滅，但日據半個世紀間台獨運動仍然此起彼落，只是此時期的台獨性質是獨立於日本帝國主義之外，非獨立於中國之外。這是一種策略性台獨，並不以台獨為最終目的，但這種「台灣意識」提供戰後新的台獨運動萌芽所需的土壤。

壹、戰後的台獨運動

民國三十六年的「二二八事件」很快成為過去，但卻成為戰後台獨運動的開端，廖文毅和謝雪紅是這一波運動的先鋒，五十三年後在一個也是特殊的事件（國民黨分裂）中，陳水扁收割了總成果。「二二八事件」時廖、謝二人都是積極參與者，謝在台中組織「台灣解放同盟」，事件後二人逃赴香港，與台共蕭福來組「台灣再解放同盟」，不旋踵分裂。謝回大陸被鬥爭，廖到日本組「台灣獨立黨」、「台灣共和國臨時議會」及「臨時政府」。此後台獨運動分在日本、歐美兩大地域發展。

在日本的台獨運動除廖的組織外，有辜寬敏為首的「台灣青年獨立聯盟」、郭幸裕的「台灣建國委員會」、史明「獨立台灣會」，及日本右派支持的「台灣獨立後援會」。在日本的台獨成員對日本認同很高，機關雜誌用昭和年號，設計臨時政府的國旗則「紅太陽旁邊加一灣新月」圖案，「皇民化」符號象徵濃厚。

在歐美隨著留學生的增加，一九六〇年後台灣獨立運動開始大量增加許多組織，初以「福摩沙俱樂部」、「台灣讀書人會」、「研究會」等名目成立，一九六五年合併成「全美台灣獨立聯盟」，陳以德任委員會，之後有蔡同榮、張燦鍙繼任。一九六三年加拿大有「台灣自決聯盟」，一九六六年有「歐洲台獨聯盟」，一九七〇年元月併合美、日、歐及加拿大等各地台獨組織，成為「世界台灣獨立聯盟」。一直到民進黨成立的，台獨運動就是這樣在海外「百花齊放」，以上不過舉其大要，可再詳述以表示之如下：

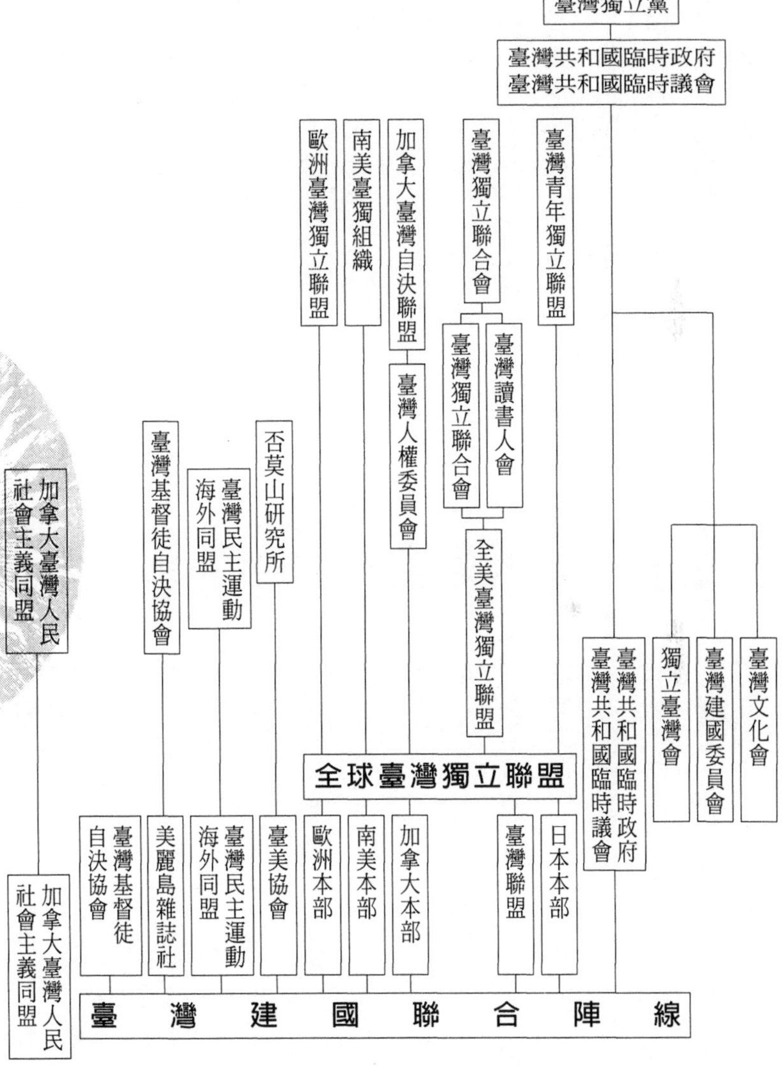

資料來源：南方朔，帝國主義與台灣獨立運動，四季出版，民70年，67頁。

一九七〇年代後海外台獨運動日趨沈寂，有幾個原因，第一左派台獨逐漸「社會主義化」（如洪哲勝的「社會主義台獨論」，世台會的「兩階段論」，都讓海外台灣人有「恐共感」。）；第二是右派台獨論者日趨暴力化，主張暴力革命使「市場」空間縮小。當然國內政治環境日逐開放，國內慢慢成為台獨的主戰場，海外則成為後援的支戰場。

貳、從建黨到執政之路

在尚未組黨前，獨派陣營先有民國六十七年十一月黃信介等人組「台灣黨外人士助選團」，七十二年九月邱仁義等人組「黨外編輯作家聯誼會」、七十三年五月黃希平等人組「黨外公職人員公共政策研究會」，七十四年由「編聯會」與「公政會」整合成「黨外後援會」。七十五年九月廿八日成立「民進黨」，隔週（十月五日）中國國民黨主席蔣經國表示，時代在變，環境在變，潮流也在變，執政黨必須有新觀念，新的作法。兩天後，即十月七日蔣經國先生接見華盛頓郵報董事長葛蘭姆女士時說，政府將儘速取消戒嚴，任何新黨都必須遵守憲法，支持反共國策，與台獨運動劃清界線。這是一個創時代的里程碑，一個月後江鵬堅獲民進黨第一任黨主席就表示，該黨已表明遵守憲法，就等於是反共、反台獨，但以後的歷次民進黨全代會、選舉都有「統獨」之爭。民進黨大老黃信介、余登發等人都不同意台獨。

此後統獨之爭各有起落，獨派推動以「台灣共和國」申請加入聯合國，許信良任黨主席時主張放棄台獨教條，應「故意模糊」才有執政機會，到八十六年急獨的建國黨面臨解散命運，這年年底縣市長選舉國民黨大敗，民進黨全面取得地方政權，建國黨未過門檻，這表示人民不僅恐共且「恐獨」。隨著民進黨的台獨論述越來越模糊，路線日趨向中間化，也獲得越來越多的民意支持（當然另一對手國民黨正在背離民心相配合），八十九年的總統大選，因國民黨大分裂失去三分之二支持者，好命的陳水扁收割了總成果。照理說，百年台獨路，或五十年也罷，台獨運動應已完成目標，夫復何求呢？

參、台灣在實質上已經獨立

有幾項象徵性的事實，可以解釋在實質意義上台灣已經獨立，這些事實亦合乎民進黨所稱「獨立」的內涵。第一是八十六年十一月的縣市長選舉，民進黨在十二縣市獲勝，國民黨只得八個即窮又小的縣市，民進黨統轄百分之七十三的人口，「綠化台灣」已算克竟全功。第二是拿下中央執政權，等於是想要的都拿到了。第三是一般民眾的看法，八十七年七月「新興民族基金會」做民意調查，有百分之六十五的人認為我國領土範圍只有台澎金馬，百分之六十八的人認為台灣已經獨立。第四許多獨派大老（許信良、施明德、彭明敏等）都認為台灣已經是獨立的國家，它現在的名字叫中華民國。第五是「台獨黨鋼」已成歷史文件，在「台灣前途決議文」中已承認中華民國。

以上的理由就解釋原來「台灣共和國」的目標已經消失或取消，新的目標就是現在的中華民國。連陳水扁也說「民進黨何德何能宣佈台獨」，建黨之目的是要取得政權，如今政權在握；要出頭天，要當家做主人，也都做到了。至於「台灣共和國」能否掛牌營建，一方面是形式意義，再者並未被多數台灣人民列為必須追求的目標，只是少數人的一種夢幻，又何須掛齒？

第三講

看看人家怎麼搞獨立的——魁北克、東帝汶、科索夫的獨立觀察

台灣的獨立運動在國際上並寂寞，統獨問題在許多國家都有，已到了「國國有本難念的經」的地步。舉其著名如俄羅斯的車臣、伊拉克的庫德族、英國之三島、加拿大之魁北克、印尼之東帝汶、南斯拉夫聯邦之科索夫、義大利之帕丹尼亞、法國之科西嘉，甚至美國尚有「德州共和國」問題。以上有持續數百年，數不盡的人民已在戰爭、衝突、動亂中，喪失了無辜的寶貴生命。有的「暫時」獲得解決，魁北克、東帝汶、科索夫三者近年都經由公民投票試圖解決問題，台灣的獨派人士也主張由公民投票完成獨立建國，故此處也須要觀察類似的前三個案，人家是怎麼搞獨立的。

壹、魁北克公投獨立觀察

魁北克省面積和阿拉斯加差不多大，是加拿大唯一以法語人口為主的省份，說法語

的選民佔全省人口百分之八十二。加國其他九省份都是英語系移民說英文居多，由於語言、文化的調和欠佳，魁北克向來也有統獨糾纏。一九六七年法國前總統戴高樂訪問魁北克，在省會蒙特婁市政廳高喊「自由魁北克萬歲」，把統獨問題進一步激化。「魁北克共和國」是魁省法裔的大夢，卻是加拿大的惡夢，所幸他們用的是和平方法「全民公投」。

第一次公投在一九八〇年，結果贊成獨立者百分之四十，反對者佔百分之六十。但獨派絕不會就此罷休，政治領袖（如巴瑞瑟、詹森、布夏爾、帕希佐等人）仍積極推動。一九九五年九月，時任魁北克省長的帕希佐發表「獨立宣言」，強調法裔與英裔以「兩大建國民族」身分建立加拿大聯邦，卻遭到種種不平等虧待。顯見獨派仍以民族情結為訴求，該宣言仍主張用公投與加國分道揚鑣。

第二次公投在一九九〇年，由加拿大實施的全國公投，仍未承認魁省的「獨特社會」，仍把魁省視為十省當中的一省。最近的一次是一九九五年十月三十日，由魁省選民自行公投決定獨立與否。結果以些微差距，贊成獨立者佔百分之四十九點四四，反對獨立者佔百分之五十點五六，投票率高達百分之九十三。獨派領袖（也是省長）帕希佐為獨立失敗宣布辭職，奇怪的是魁省境內其他族裔（有義大利、猶太、希臘、回教徒、海地、越南等裔，及原住民愛斯基磨人等），都反對獨立。

一九九八年二月開始，加拿大最高法院決定用司法裁決來審理統獨問題，統獨兩派進行空前的辯論會、聽證會，到八月二十日加國最高法院做出歷史性判決，「無論在加拿大憲法或國際法中，魁北克省都無權未經協商而單方面脫離獨立。」「若明顯多數的魁北克省民選擇獨立，其他省分和聯邦政府即無否定魁北克政府尋求分離獨立的依據。」

魁北克的法裔（約六百多萬人）民居中，有許多人仍在「加拿大人或魁北克人」的十字路口上，看來統獨之爭沒完沒了。是否要一生一世都在這「沒完沒了」狀態中，就看這些人的智慧了。慶幸的是他們有數百年民主質養之基礎，用民主和平方法解決，而國際社會也沒有介入，其他國家的統獨就很慘了！

貳、東帝汶公投獨立觀察

「東帝汶共和國」獨立了，但這是三十萬條人命換來的（約總人口三分之一），死因包含戰爭、動亂、內戰、屠殺，及內部不同派系的同胞自相殘殺，而起因都是統獨問題。

話說約五百年前，一五一二年葡萄牙發現帝汶島，因覬覦島上盛產檀香木，開始在島上建立貿易據點，為時數百年的殖民地巧取豪奪。十九世紀荷蘭勢力亦進入帝汶，葡、荷兩國商議瓜分帝汶島版圖，將東帝汶劃歸葡萄牙殖民版圖，其餘歸荷蘭所有。一九七四年葡國發生政變，新執政者的左派政府宣佈放棄殘餘殖民地，是年八月就倉卒撤出東帝汶，當地「解放東帝汶革命陣線」趁機崛起，發布獨立宣言，同年十二月印尼總統蘇哈托以武力佔領東帝汶，劃為印尼第廿七個省，開始長達半世紀的統獨大戰。聯合國始終未承認印尼的合法佔領，而仍視東帝汶為葡萄牙的殖民地。

當年蘇哈托為何以武力佔領東帝汶？說來詭異，當時冷戰方殷，蘇聯也想染指東帝汶。美國和澳洲不願見到東帝汶成為東南亞的「古巴」，默許印尼武力進佔，並在一九七六年發動各政黨發表「巴利博宣言」，「要求」印尼將東帝汶納入版圖。但數十年來統獨衝突從未止息，且隨冷戰結束，印尼政局動亂不安，族群衝突、排華運動，幾無寧日，統獨衝突不斷升高，印尼似亦無力恢復政經秩序。

一九九八年哈比比就任印尼總統，對東帝汶政策有了重大轉變，次年一月間終於宣佈將讓東帝汶投票選擇是否接受廣泛自治方案，否則哈比比將建議人民協商會議，「釋放」東帝汶。獨立公投訂在一九九九年八月三十日，哈比比保證尊重公投結果，也會建議印尼最高立法機關「人民協商會議」認可公投結果。

投票結果有百分之七十八東帝汶人拒絕接受印尼的自治方案，但因事關葡萄牙在憲法中尚未刪除對東帝汶的宗主權，印尼當局延後對公投的認可。暴亂於焉發生，目前已由聯合國接管，預訂未來二至三年完成建國準備。

參、科索夫公投獨立觀察

科索夫是南斯拉夫聯邦中賽爾維亞共和國的一省，人口約兩百萬，阿爾巴尼亞裔佔九成。十四世紀後土耳其人統治賽爾維亞達五百餘年，科索夫是中古時期賽人的首都。二次大戰後狄托以鐵腕鎮壓阿裔人的反抗，故阿裔人對南國始終懷怨在心。一九九一年六月，南斯拉夫中之克羅埃西亞和斯洛凡尼亞宣佈獨立，爆發內戰，各共和國紛紛獨立。

科索夫亦乘此獨立浪潮，企圖改變「自治」的地位，引發米羅賽維奇總統的強力鎮壓。一九九一年九月，科索夫省決定經由全省公投達成獨立目的。結果有百分之九十贊成獨立，從此大小暴亂不斷，「科索夫解放軍」勢力擴大，南斯拉夫聯邦亦以重兵壓境，此期間引起許多「種族清洗」屠殺，內戰無法平息，北約各國協商無功。一九九九年三月美國與北約以軍事介入，圖以武力維持南國境內和平，中止種族屠殺的不法行為。

美國與北約轟炸南國七十二天，米羅賽維奇總統始接受由八國集團（美、英、法、德、俄、加、日、義）所提「科索夫十點和平方案」。重點有聯合國維和部隊進駐南聯執行和平任務、以北約為主維護科索夫境內居民安全、科索夫成立臨時政府在南聯享有自治地位、讓流離失所的難民自由安全返鄉、顧慮到南聯主權保證科省自治地位，另成立自決機構為恢復和平與正常生活創造有利條件。

以上列舉國際上三個經由公投試圖達成獨立的個案，如加拿大的和平公投當然是各國搞獨立者所期望，惟多未能如願。東帝汶是因為聯合國始終不承認印尼佔領的合法地位；科索夫則因米羅賽維奇的獨裁統治及種族屠殺事件，讓科省人民有了獨立的理由。從東帝汶和科索夫的例子，也看見「國家主權」不能無限上綱到達迫害人權的地位，公投有時成為戰爭的導火線。許信良曾警告陳水扁，公投「很危險」，大概許信良已見識過國際上的案例，此三案都已進行公投，獨立未成仍須努力，只是未來變數仍多。不知要付出多少慘痛的代價，統獨雙方才會學乖。

第四講

中共是怎麼「搞」台獨的

中共是反對台獨的，依法、理、情來看，中共絕不可能允許台獨，誰同意，誰便是中國歷史上空前絕後的罪人，但中共是善於運用策略的，特別是善於運用「正—反—合」的辯證法策略，在此原則下萬事萬物都有可運用的價值——包括台獨。所以中共在理論上不搞台獨，但策略上「搞」台獨的高妙，台灣這些獨派人士大概都要到北京取經。

壹、中共「搞」台獨的理論根據與策略

按照共產主義者所信仰「唯物辨證法」之矛盾律，認為共產社會的實現有一個過渡時期，此期間「必須尋找敵人內部裂痕以爭取同盟軍」，找裂痕之目的是找可以灌水的「洞」和可以插針的「縫」——分化敵人的第一步。在各種不同情形下，團結一切可以團結的革命階級，共同組織革命的統一戰線，對付共同的敵人，在這個理論指導下，國

民黨集團是主要敵人，海內外搞台獨的人士就成了「次要敵人」，依理論再訂出以下數項策略。

第一要拉攏次要敵人（明天的敵人，今天可以先做朋友）；消滅主要的敵人（今天的敵人列為優先打擊目標。第二是利用矛盾（朝野矛盾、統獨矛盾、利益矛盾），爭取多數，反對少數，各個擊破。共產黨人與台獨及其他「次要敵人」的關係，是處於「既聯合又鬥爭」狀態，第三「既要反左，又要反右」，國民黨是「右」，獨派人士是「左」。在運用策略的方法上甚為靈活，舉凡偽裝滲透、威脅利誘、分化聯合、談判妥協，或多項同時併用。

從共產主義在世上流行至今，各國共產黨人所用的鬥爭理論、策略都是這一套，基本的理論根據是不會變的，但策略是多變的。

貳、中共「搞」台獨的活動實效

有了理論指導，有了策略規劃，接著就是如何進行鬥爭活動。由中共先主動出擊如鄧穎超發表「歡迎台獨人士回祖國參觀訪問交換意見」，由在美機構與台獨聯盟舉行座談會，派人參加「台灣同鄉會」及「世台會」聽取意見，傳授馬列毛的革命策略，派人遍訪世界各地的台獨組織負責人。

中共搞台獨是下了真工夫，產生「立即而明顯」的效果。一九八〇年八月由許信良所辨的「美麗島」雜誌，因「高雄事件」改在美國洛杉磯發行「週報」，做為鼓吹「台灣革命運動」的工具。在許信良與史明（原名施朝暉，鄧小平「第二野戰軍」時期的得力部下，亦為台獨聯盟領導人之一）共同發表「台灣社會主義革命黨綱領草案」，其第一章就說：「台灣社會主義革命黨，是台灣無產階級的革命黨，即為了實現一切生產手段統歸社會所共有，並禁止不勞而獲，以實現無剝削的理想社會政治組織。」一九八二年七月「世台會」在休士頓召開，許在會中演講「要努力做一個馬列主義的信徒，效法列寧共產革命精神」，要組織一個職業革命家的黨。（一九八二年「美麗島」週報十二期；台灣日報民國七十五年十二月三日）

張燦鍙的「台獨聯盟」和洪哲勝的「台灣革命黨」，他們早期活動重點就是與中共建立關係，與中共「中華全國台灣同胞聯誼會」常有密切往來。洪哲勝更以正統「馬列毛」信徒自居，亦自許是台獨聯盟中的姚文元（一九六九年任中共政治局委員，為四人幫被逮捕，判刑二十年。）是具有真知灼見的「革命家」。

以上所舉不過是在戎嚴時期中共「搞」台獨的一小部分，就中共而言已經產生五項「利多」。第一為利用台獨運動分化台灣內部團結；第二利用台獨醜化中華民國形象，或僧加我國開拓國際空間的難度；其次利用台獨宣揚反共無望論，增加島內人心的困惑；

再次利用台獨破壞惡化台灣社會治安（如各種暴炸案）；末者算是達成階段性目標「拉攏次要敵人（獨派）、打擊主要敵人（國民黨、中華民國）」。

這些都已經陳年往事，許信良似已「改邪歸正」，施明德稱他是「敢於歸零的人」，作家平路稱他是「異類」政治人物（均見「許信良的政治世界」，天下版）。他「佛心儒事」的政治信念，我倒覺得他快有政治家的風範了，我會「察其言、觀其行」。

參、現階段中共如何「搞」台獨

隨著台灣政治環境日愈開放，民進黨雖「事實」承認中華民國，但並未放棄台獨建國目標，在現實環境中統獨日趨模糊，國民黨內有統有獨，獨派亦然。中共面對台灣變局，採取全面接觸、封殺獨派勢力的成長，數年前李登輝的「兩國論」，中共卯足了勁「文攻武嚇」。但也准許往日獨派色彩濃厚人士（如許信良、謝長廷），前往中國大陸訪問，增加了解溝通的機會。可惜九十年五月陳水扁總統過境美國時，重申希望今年十月到上海參加亞太經合會（APEC），與江澤民主席談政治議題。中共外交部發言人朱邦造立即回應說，陳不能參加上海的APEC會議，只能派經濟事務部長級官員參加。朱邦造同時強調，美國允許陳水扁過境已違反三個聯合公報，助長台獨囂張氣燄。凡此均可見目前對台獨問題的解決，中共政治上是採取全面封殺的做法。九十年三月間，中共副總理錢其琛談台灣問題時說，民進黨人上台使台灣政局發生了急劇變化，使兩岸出現新的不確定因素，陳水扁不承認「一個中國」原則，我們要對他保持壓力。同時以積極行動爭取國際輿論，爭取台灣民心。

「爭取民心」是古今中外獲取政權唯一的最好辦法，中共若能爭取到多數台灣民心，就沒有台灣問題——台獨如泡沫般消失。

中共封殺台獨還有另一隻手——若台灣宣佈獨立，將武力進犯台灣。二〇〇一年三月中共公佈本年度軍事預算提高百分之十七點七，紐約時報及一些分析家解讀只有一個目的「防止台獨」。從一九九七年的美日共同防禦條約形成，考慮把台灣入安保範圍，之後李登輝的兩個論，台灣獨派勢力逐年成長，地方及中央政權相繼為獨派奪取，都增加人民解放軍的不安，一九九九年夏天舉行的北戴河會議，作出增加軍費的決定，以確保台灣不會宣佈獨立。

顯見以「兩手策略」封殺台獨是中共現階段的做法。奇怪，大家都希望和平解決統獨問題，但古今中外幾乎都視武力為維持國家統一的最後手段，有「備而不用」或「不得已行之」的用意。這個思維框架套住兩岸人民的腦袋，一定要設法解除，否則統獨終是難解，不論中共「搞」台獨，或台灣搞台獨，遲早要「搞死一堆人」！

第五講

國際上支持台灣獨立嗎？

在冷戰（戒嚴）時代，國際上確實有過不少支持台獨的聲音，如「台灣中立化」、「地位未定論」、「國際共管」，或扶殖成親日、親美的政權，這些似又已經很遙遠。當大環境進入後冷戰時代，台灣完成政黨輪替，邁向二十一世紀時，「獨」的定義趨於模糊（獨台、台獨、一中一台、一中各表、中華民國在台灣或國協等，都已包含了「獨」的意義在內。）因此，我們問「國際上是否支持台獨？」的語意內涵，並未指明是預設在那一種的政治立場上，而泛指把台灣獨立於中國之外的分離企圖。有此影響力的不外美、日及其他亞洲國家。

壹、美國是否支持台灣獨立於中國之外？

美、中、台三邊關係的「合法」基礎，是建立在民國六十八年四月十日生效的「台灣關係法」上。該法規定「美國決定與中華人民共和國建立外交關係，完全是基於台灣的未來將以和平方式解決這個期望上；任何企圖以和平方式以外的方式決定台灣未來的努力，包括抵制、禁運等方式，都將被視為對西太平洋地區和平與安全的一項威脅，也是美國嚴重關切之事。」解讀本法你可以說，是統是獨，美國人才不管呢！只要和平安全解決就好，因為這就是美國利益，歷任美國總統都強調依本法處理三邊關係，此無疑問。

另一方面，歷任美國總統或政府高層官員，與中共國家主席或黨政要員互訪、會議、談話及簽訂的書面文件中，都經常強調尊守「上海公報」、支持一個中國政策、反對台獨、反對一中一台等。但通常這是中共單方面的堅持，美國仍保持戰略模糊的空間。惟更深層的觀察，美國把各種武器（攻守）大量賣給台灣，試將台灣納入戰區飛彈防衛系統內，美日安保條約涵蓋台海地區，他更深的用意是什麼？

一九九七年十月有個關鍵性的轉變，這年十月柯林頓和江澤民在華府舉行高峰會，美國首次正面回應中共，反對台灣獨立，等於是把台獨方案從美國政策選擇中排除。曾任國防部助理部長的奈伊轉述說，美國不但不支持台獨，若台灣獨立成為「事實」也不會承認，還要鼓勵他國也不承認。這等於也斷了台獨之路，連「想像」空間都沒有。由戰略模糊轉向戰略明確「台灣不能獨立，中共不准動武」，是一九七二年上海公報後三邊關係的新架構。

美國行政部門為與中共建立「戰略性伙夥關係」，在台獨立場上做了重大讓步。但國會對台灣卻有更多保護措施，眾議院在柯江會前（十月一日）先就通過「美國與台灣反飛彈防禦合作法案」，以保護台灣不受中共的飛彈攻擊。整體而言，到一九九七年底，美國算是已經封殺了台獨，甚至與台北漸行漸遠，這是因為李登輝被視為「麻煩製造者」，中共也把李與台獨劃上等號。美國官方用「寡頭主義」（Autarchy）來形容李登輝政府，美國也不願意為台獨捲入一場不可想像的戰爭。

一九九八年換柯林頓到中國訪問，再次強調「三不政策」，否定中華民國亦否定台獨。接著國會再通過「支持台灣的國家安全決議案」，確認和平解決台灣問題的重要性，並表示柯林頓的「三不政策」不代表美國人民的立場。

世紀之歲杪一九九九年七月，華府智庫亞太政策中心主任包道格（Douglas H.paal）警告說，華府過於公開制壓台灣，會讓中共誤認美國與中共站在同一邊，加上李登輝放棄「一個中國」政策，可能讓中共產生武力犯台的合理可行性。概括柯林頓政府時代的官方立場，美國是主張「中國統一、反對台獨」的，小布希準備入主白宮，也許他會有轉變，容文末在做交待。

貳、日本及其他亞洲國家有敢支持台獨否？

日本人除了搞女人（慰安婦）和搶佔釣魚台很強硬外，在面對中國的統獨問題都很柔順，配合中共的論調起舞。其他亞洲國家都別提了，基本上大家都是「在大老虎旁邊討生活」，總要格外小心，一切「老虎說了算數」。新加坡李光耀先生曾奔走於兩岸之間，發生一些溝通、傳話的影響，後因李登輝關係也漸行漸遠。

當一九五四年「東南亞公約」組織，成員有美、英、法、澳、紐、菲、泰及巴基斯坦等八國，我國仍是堂堂正正的聯合國會員國之一，理應加入公約。當公約組成前一個月，周恩來發表「解放台灣宣言」，嚇壞了各國，紛紛反對我國加入該組織，迫使我國與美國另訂雙邊的共同防禦條約。相同的現象也發生在目前的東帝汶獨立運動上，亞洲國家無敢支持者，相對比較印尼和東帝汶，西瓜那邊大真是太明顯。

亞洲國家普遍有「西瓜效應」另有原因，欠缺一個類似北大西洋公約組織，各國只好各掃門前雪，遵照中共期望「一個中國、反對台獨」辦理。雖有「東協論壇」、「亞太安全會議」召開，也都把台灣排除在外。所以亞洲國家對台獨，是「無權」介入，無力支持，不敢表態！

日美安保條約敢把台灣納入，當然是美國的因素。單獨日本對中共，顧慮還是很多，必竟大老虎在旁邊是很危險的，民國六十年代前那種支持台獨的聲音已被封死。

參、面對新世紀的小布希怎樣打「台灣牌」？

小布希新上台有新政，極思改變過去數十年對中共的「姑息」政策，也想扭轉數百年來「重歐輕亞」的政策，在亞洲與日本建立如同英國一樣的堅強同盟關係；當然中共（中國）已焉然是區域強權，且正邁向世界霸權之路，若不給予制壓，恐在不久的將來就會挑戰美國的全球領導權。一個逐漸成型的「布希主義」（Bush Doctrine）正在成熟：師法雷根總統用強大的軍備武力（小規模星戰計畫）終結對手——對中共進行「新圍堵」，從「戰略夥伴關係」轉換到「戰略競爭關係」。是「夥伴關係」就要相互照料，一方有難另一方要幫忙；若是「競爭關係」就是一輸一贏的零和關係，可能演變成生死對決，兩方都不會示弱。

在這個大架構底下，布希政府如何打「台灣牌」？還會堅定的反台獨嗎？國務卿鮑威爾在眾議院的聽證會（二〇〇一年三月七日）表明，美國「承認一個中國政策」，不容忍任何改變台灣地位的事，除非這個改變是公開，自由與平衡談判的結果。在此政策指導下，適當的國際組織「台灣參與但不加入」，會員資格仍應保留給中共。這語意非常清楚，使台灣仍保持現狀——不獨（避免引起戰爭）；不統——使台灣獨立於中國之外。這才是美國最高利益，讓中國統一富強起來，美國還有的「混」嗎？

國際上對於台獨的態度，除美國能在「想像空間」上有些異議外，餘多噤聲寒蟬，頂多骨子裡「樂觀其成」或隔岸觀火的心態。聯合國早已擺明是中國自己的「內政」問題，在一九九五年台海危機時聯合國也沒有任何反應。連達賴喇嘛在民國八十七年七月接受中國時報專訪時，也堅定表示支持「一個中國，反對台獨」政策。看來「中華民國在台灣」在國際上還有幾個「小朋友」可以伴著玩玩，台獨卻肯定是百分百的孤兒。

在第二詭中，我和讀者們聊了台獨的理論與實況，國際個案與國際支持，還有中共如何利用台獨！你應該已經發現台獨走到今天的地步，可以說一條「死巷」，不是單一的原因可以解釋。有歷史與文化的傳承包袱，有國際關係與地緣關係，你也可以說是「西瓜效應」，用「市場」供需也可以說明。

朋友！你還把台獨當「真理」嗎？這世間可真的有「真理」存在嗎？

第三詭 統一，從此以後我最大嗎？

主張統一的人除了有些歷史情感外，也是對「大」中華的一種迷戀。

當然，大有大的好處，大表示有機會在國際上當「大哥」，當「列強」多跩啊！看吧！中國就快要當列強了，全世界我最大，誰敢再欺侮咱們中國人？

大一定好嗎？恐龍夠大吧！前蘇聯夠大吧！有兩個中國這麼大！夠嚇人了。

若能大而富裕、自由豈不更好！

本詭就是從統一的觀點談中國人的統一思想、理論、實務，及中國人追求統一之路和國際觀點。

第一講

中國歷史上的統一思想及其價值

中國自古以來沒有所謂「獨立」（分離）思想，有的只是統一，而且是「大一統」思想。歷史上也免不了分分合合，有因朝代更替、戰爭使國家處於地方割據（獨立）狀態，也是暫時的。因為各方勢力都認為必須結束分裂獨立的局面，回到原來完整統一的狀態，問題只在「由誰來統一中國」，故也沒有「國家認同」問題。

這是中國從先秦大一統思想形成，由秦朝完成統一大業後兩千多年來一般人民的統一思想。已經成為上至帝王將相下到市井小民的思維模式，更多人把「思想」上綱到「理論」層次，成為實踐之依據。當然也有不少人加以無限上綱達到「定律」境界，為甚麼？價值何在？

「東西」若無價值，早被當成破鞋般丟棄。在廣大的地域中，經歷千百年共同歷史文化的燻陶，生死安危皆與共，絕大多數人普遍有的一種共同思想，且必須信守實踐者，這種思想（理論）本身就是一種價值，且是很高的價。這裡要從普羅大眾的生活中追察此種思想與價值的形成。

壹、人民的生活在統一與分裂時代的對比

中國歷史的發展雖未合孟子「五百年為一治亂循環」說，但亦合乎他的「一治一亂」說，西洋歷史似亦有此現象。通常治世時國家處於統一狀態，少有戰爭內亂或外患，人民得長期休養生息，安居樂業，我們稱之「太平盛世」。生在這種時代，一般人民的家庭或社會生活總較安定、安全，日子好過。這是我們一般人的印象，事實也應是如此，讀者們的親身經驗如何！現在五十多歲以上的人許多是經歷「治世亂世」的見証者。

另一個反面是當國家面臨分裂危機時，各地方勢力紛紛獨立，相互攻伐、爭戰、內亂或外患勢在難免。西方長達一千年的「黑暗時代」，國家不斷在玩「消亡分合」的遊戲，下層大眾就是民不聊生。在中國自春秋以後也有一半時間是「分裂分治」，我們不能詳述每個分離時代人民生活實況，但可以用一個簡表來概說：

國家（政權）	年　代	政治、社會情況
春秋戰國	（前770-前221年） 約有500年	政治思想的開創時代戰禍慘烈、血流漂杵的年代。
三國兩晉南北朝	（220-589年） 計有369年	列國林立，戰禍連年，中華文化與政治思想最消沈的時代，比之歐洲中古黑暗時代。
衰唐五代十國	（756-979年）	「天下殘破，蒼生危窘」（元結）；澈底的無政府主義，人同裸蟲。（無能子）
中華民國 （南、北政府）	民國6-11年 （1917-1922）	軍閥紛戰，竊取政權，擅自組織政府，此時中國有南、北兩個政府，國父號召北伐，統一中國。
中華人民共和國與中華民國	民國38-今（1949-）	中華人民共和國以共產主義理念建立共產政權；中華民國以三民主義理念建立民主政治。

資料來源：拙著「國家安全與戰略關係」，二〇〇〇年三月，時英出版。

就是有這樣活生生鮮明的對比，所以人們響往統一時代的好日子，而害怕各地方過於獨立分離時帶來的衝突使日子難熬。當列國林立（如魏晉南北朝、五代十國）時，爭戰連年，蒼生殘破，人命不如螻蟻。這種印象成為一般人普遍的經驗，對統一的期待便內化成一種思想、理論或價值。

貳、文學對統一與分裂情境表現的影響

文學作品是人「情」的表達，中國人自古以來就認為文學作品是為「情」而作，「情」也是作品的主要內容。故詩大序說：「情動於中，而形於言」，又說：「情發於聲，聲成文，謂之音。治世之音安以樂，其政和；亂世之音怨以怒，其政乖；亡國之音哀以思，其民困。」所以從許多文學作品都可以看到當時的政局環境，而那些作品常是千古傳頌，深入民心，影響甚為廣泛。漢賦、樂府、唐詩是國家處於統一狀態太平盛世的文學作品，少不了歌功頌德、娛悅耳目或表達情意之美感，眾所週知者不再舉例。但要舉另一個反面，當國家處於分裂、動亂、戰爭，乃至亡國時，文學作品的表現。

五代時列國到處獨立，各方豪傑都想稱王，但國家消亡常如泡沫一般的快速興破。後蜀太保（鹿虔扆）描寫亡國的感傷，用詞清婉，別饒風味。他的「臨江仙」：

金鎖重門荒苑靜，綺窗對秋空。
翠華一去寂無蹤。玉樓歌吹，聲斷已隨風。
煙月不知人事改，夜闌還照深宮。
藕花相向野塘中，暗傷亡國，清露泣香紅。

當大一統局面解體正是列國獨立機會，歷史上另一南唐李後主在政治領域是「亡國之君」，文學領域則是「永恒不倒的君王」。他對戰亂亡國的感受如何？舉讀他的「虞美人」：

春花秋月何時了？往事知多少？
小樓昨夜又東風，故國不堪回首月明中！
雕闌玉砌應猶在，只是朱顏改。
問君能有幾多愁？恰似一江春水向東流。

以上不過舉二例，其他還多。人們由現實環境上的情況，用文學表達情境，仍把分裂與列國林立劃上悲慘的等號，對統一自然有一種美好的期望，普遍化成為思想與價值。

參、一個生存發展安危與共的完整生活空間

中國自秦漢以來就是一個統一的國家，中山先生如是說，事實上也是正確，奇怪的是中國人這塊生存空間自古以來改變也不大，到滿清末葉大致已成定局，就是這一千多萬平方公的領域。只是滿清積弱，險遭分割，也因而讓後世了解「完整生活空間」的重要，任何小的局部受到危害必牽連到整體，故未來不應再有「邊陲」及「核心」的區分。

康熙二十三年（一六八三年）福建水師提督施琅力奏保台時說，台灣乃江、浙、閩、粵四省之左護，東南數省之藩離，留之永固邊疆，棄之必釀大禍。光緒十三年（一八八七年）首任台灣巡撫劉銘傳也曾上奏說，台灣是海上重鎮，乃東南各省安危之所繫，欲保東南安全，首要確保台灣。但麥克阿瑟更有全球戰略眼光，只是他站在美國利益講話，他在國會演說就表示，台灣若淪入共黨，結果將立即威脅菲律賓安全與自由，日本也有陷落之虞，美國的西海岸可能成為與敵接觸的第一線。

我國的邊疆地帶都有重要的戰略功能，清光緒新疆失守，有議棄之者，左宗棠力持不可，「重新疆，所以保蒙古，保蒙古所以衛京師。」舊蘇聯欲亡中國，故先策動蒙古

獨立。以上觀之，對整個中國的地緣戰略關係而言，蒙古和台灣地位是相同重要的。剛過逝不久的學者戴國煇先生，用「睪丸理論與自立共生的構圖」形容台灣和中國的關係。即然是同一個身體，自立共生則可，完全割除是很麻煩的事。

前面我們先談過台獨理論與價值，這講從另一角度談統一的思想、理論及價值，現在看倌不仿先在內心做客觀比較，精彩的在後面！

第三講

大陸時期的統一問題與模式之探討

我國的統一（統獨）問題在大陸時期已經爭了數十年，追溯禍源，台灣地區這半個世紀的統獨糾纏其實是大陸時期的延續・想從現有的基礎上開拓出未來的康莊大道，勢必「溫故」才能知新，是故，歷史是不能忘記或遺棄的，沒有歷史就沒有未來。

壹、大陸時期的國家統一問題

國父之推翻專制建立民國，根本的說是要恢復國家的統一（因國家的領土及主權被列強分割）。民國建立時，台灣仍是日本帝國主義的殖民地，中國境內也還是許多帝國主義的勢力範圍，列強並不因民國建立而尊重中國主權，反而想加速分解中國這塊肥肉。真是內憂外患「絡繹不絕」，整慘了這個新誕生的新中國。其為禍最烈，對中國統一產生無窮殺傷力，遺害百代中國子民者，除日本外，尚有前蘇聯策動之蒙古獨立，英國策動之西藏獨立，這裡稍加介紹。

蒙古目前已是獨立國家，但依憲法規定仍是中華民國領土。在大陸時期從帝俄到蘇聯革命成功，多次策動蒙古獨。武昌起義發動不久，俄軍乘亂進入蒙古，簽訂俄蒙「庫倫條約」，俄人在蒙古享有一切特權及利益，蒙古亦正式「獨立」，民國元年十一月中國政府發表聲明，不承認「庫倫條約」，並與俄進行協商至民國四年六月始有協議，蒙古宣佈撤消獨立。

民國十年蒙古再度被赤化成為一個「蘇維埃共和國」，民國三十六年憲法制定公佈前，我國官方承認了蒙古的獨立。民國八十五年底時任蒙藏委員會委員長的李厚高表示，外蒙古已是一個獨立的國家，國民大會也曾援引領土變更之權，承認外蒙古獨立。但諸多民生法案及廢省問題，使「蒙古定位」又延宕下來。

英國染指西藏始自清末，乘武昌巨變之際策動西藏宣告獨立，並向中國提出要求五端：（一）中國不得干涉西藏內政；（二）中國官吏不得在西藏行使行政權；（三）中國不得在西藏駐軍；（四）上述承認並完成訂約，然後英國始承認中華民國；（五）中藏經過印度之交通應視為斷絕。是時民國政府尚未被各國承認，不久袁世凱稱帝，國內大亂。中、英及西藏代表談判到民國三年均無結果，西藏遂成懸案。

其他還有日本策動之「滿洲國」，民國十年中國共產黨成立後，開始有「共產主義中國」與「三民主義中國」的對峙。這兩個中國的開端，至今還沒有解套的辦法，其始作俑者正是現在的中華人民共和國。

貳、大陸時期統一模式的爭議：聯省自治

民國雖已建立，但並未統一，帝國主義極欲支解中國，內部又軍閥割據，因而以何種模式（方法）統一，各方均堅持不下。以國父和蔣中正先生系統的國民黨最後決定以武力統一中國，終於在民國十七年底完成全中國的統一。這部分史書已有很多論著，不再贅述。現在要談的是另一種統一模式——以「法律」統一中國「聯省自治運動」，在當時的「統獨」大戰中，國父還因此而險些命喪軍閥砲火之下。

民國九年底，陳烱明就任廣東省長積極推動「聯省自治」，其精神有二。第一、由各省制訂憲法，並依省憲法統治全省；第二、由各省派代表組織聯省會，制訂聯省憲法以促成國家統一。民國十年底陳烱明就提出「廣東省憲法草案」，初步組織十二省聯省政府（粵、桂、湘、滇、黔、川、淅、贛、閩及東北三省），全國立法機關採二院制，仿美國的聯邦政體。按陳的主張說，袁世凱、段祺瑞、孫中山及吳佩孚等人都想以武力來統一中國，這是錯誤的辦法，正確的辦法，應以法律來統一中國。換言之，先由各省

制訂省憲法自治，再聯合各省制訂國憲頒布實行之。

「聯省自治」運動明顯和國父五權憲法基本架構相背，當然受到國父強力反對。於是發生「民國十一年六月十六日陳炯明叛變，砲轟觀音山總統府，孫大總統廣州蒙難」事件。此事近代向有二種解讀，主流者認為陳炯明悖主、犯上、叛逆；極少的聲音（上一代學者胡適、現代的李敖），認為是「主張上衝突」。到底是非如何？已過了八十年，「恩仇成敗都閒事，只是蒼生涕淚多」！而統一問題現在還懸著，它不應該是一個死結吧！

依本文探討大陸時期阻礙統一之禍源有二，內部與外部，兩者中外部之害大於內部。外部者，如日本帝國主義和俄國共產主義，內部者各地之軍閥。在日本著名的「田中奏摺」中直接擺明說，中國統一不利於日本，故須阻止中國之統一，更不能統一在中國國民黨手中，以武力阻礙中國統一是必須的辦法。

北伐成功，中國初逢統一。日本軍閥加速侵華戰爭，削弱了中國統一的成果。共黨倡亂，終於中國裂解為二，現在「事實」存在的兩個中國。

第三講

戰後各種統一模式研究

一九四九年大陸淪陷，中華民國播遷來台，雖經數十年的文爭武嚇，兩個中國事實上的存在是誰也不能否認。中國處於分裂分治狀態的這半個世紀，兩岸仍然提出許多和平統一模式，綜合各黨派及各學者之說，除中共「一國兩制」和我國國統綱領設計「三階段式和平漸進統一」模式外，其他尚「國協」、「一中兩國」、「德國模式」、「一制一國」、「邦聯」、「聯邦」和「歐洲統合」模式等。

本文不研究各種模式的制度安排，乃「假設」讀者對各種模式已有初淺概念，僅比較研究提出者背景、各方反應及兩岸可能的接受度。

壹、「國協」的提出與反應接受情形

中美斷交後，國策顧問陶百川先生就呼籲兩岸如何組成一個「中華共同體」，最好的構想就是「中華國協」（Chinese Commonwealth），做為一種過渡性組織。進入統一後採「二元合作聯邦制」（Dual Cooperative Federalism），使省政府和中央政府處於平等地位，各自行使憲法所賦予的權力。之後在民國八十三、八十四年陶百川曾再次提出「國協」構想，八十六年時民進黨美麗島系大將張俊宏贊同提出，八十七年施明德也有「國協」主張。

對「國協」的意見，中共副總理錢其琛在八十四年三月也表示，一個中國前提下「國協」可以談，時任行政院長的連戰則表示國家統一沒有既定時程，也沒有既定方式。

貳、「邦聯」的提出與反應接受情形

前「美國在台協會」主席丁大衛（David Dean）曾於一九九二年在聖約翰大學的中國研討會上，提書面報告兩岸組成「邦聯」的和平解決之道。其他的中國通如施伯樂（Robert Scalapino）、鮑大可（Doak Barnett）等也都提過「邦聯」可行。國內則連戰提過「邦聯」，台塑董事長王永慶在民國八十六年以「樹大須分枝，插秧要分距」觀念，主張可組「邦聯」。中共前總書記趙紫陽的智囊嚴家祺於八十八年六月來台訪問，提出「邦聯式聯邦」構想，讓台灣、蒙古、西藏、香港及大陸共組成新中國。

在八十三年九月間中共的對台系統，對「一國兩制」有朝更寬鬆的「國中之國」的設想，就是朝「邦聯制」的規劃。八十六年十一月間中學術界也認真研究過邦聯制，認為是合乎「一個中國」的構想。最近（民九十年三月），中共第九屆人大會議發言人曾建徽表示，大陸不贊成兩岸以「邦聯」模式統一。

參、「聯邦」的提出與反應接受情形

前陸委會主委蘇起於八十四年四月在台北市議會演講表示，未來兩岸邁入協商時代，聯邦或邦聯都是政府規劃的選項。八十八年六月嚴家祺接受國內媒體訪問時說，若中國民主化，在「帶有邦聯特點的聯邦」制下統一，能尊重各地方自主發展，並以法律保障組成部分「高度的自主性」。但關鍵是中共能否民主化?

最近（民九十年三月），中共國家主席江澤民接受美國媒體訪問指出，未來統一「邦聯、聯邦都不可行」，行政院秘書長邱義仁回應「江主席勿阻絕各可能方案」。若反面解讀邱義仁的話，他也可能接受統一的各種方案之一。」

肆、「一中兩國」的提出與反應接受情形

新黨姚立明於八十七年二月提出「一中兩國」構想，民進黨林濁水認為這是統派最

具突破性的方案，是「真正可實踐性統派理論的誕生」。與「一中兩國」很相近的還有更早提出的「一國兩府」、「一國兩區」、「一國兩體」，這和「國統綱領」及「台海兩岸關係說明書」精神上也神似，就是「一個國家、兩個政治實體」。這些相似的方案基本上都是「階段性兩個中國、最終目標一個中國」的思考模式，企圖整合突破目前兩岸的僵局。

中共對「兩府」、「兩區」、「兩體」等，大致上「能忍不能容」，對「一中兩國」則因其間含有「兩國」而沒有好感。其實「一中兩國」和中共「一國兩制」是有某些相通的，它的終點站都是「一個中國」。

伍、其他方案及其反應接受情形

前美國助理國防部長奈伊（Jeseph S.Nye）在一九九八年三月表示，美國應明白宣示對台政策，要求中共不得使用武力，台灣明確宣告放棄台獨。同時北京須擴大「一國兩制」到「一國三制」，使台灣可以維持自己的政治，經濟和社會制度。

十年前兩德統一後，「德國模式」也在國內成為討論焦點，認為可以適用於兩岸統一的參考案。始終被中共堅定的反對，近年來「德國模式」已經沈寂，蕭萬長在行政院長任內（八十七年四月），接受德國媒體訪問時就表示「德國模式」兩岸不適用。

八十七年七月許信良仍任民進黨主席，他提出「一制一國」，許強調「一制一國」是「一制而後一國」。「一制」是指岸必須在同樣的民主制度下，國家元首、國會和省長開放人民直選，等到兩岸民主制度接近再談「一國」問題。本案被民進黨內（林濁水、周伯倫等）痛批，認為「一制一國」提出，中共一定提「一國一制」，到時民進黨就陷入「一國」阱中不自拔。

餘如中共「一國兩制」，近來國內討論的「歐洲統合模式」，都是未來可能的統一方案，在後面章節中將詳加申論。

多年來中共一再強調「一個中國前提下，甚麼都可以談」。本講所提「邦聯」、「聯邦」、「國協」等，都俱有「一個中國」的內涵，為甚麼仍談不下去？筆者認為不是「方案」的問題，而是「人」的問題，主政者內心不誠。在對岸的大陸，問題出在思想迂闊陳腐，言行都困陷在意識形態的框架中，腦筋死板板，總認為權力要集中於「一點」（中央）才叫中國，如此者中國真是沒希望。在台灣這方面的人，嘴巴說「一中」應付一下外界，行為上做「兩國」事搞台獨（如李登輝），現在的陳水扁則是另有所圖，如何「統合」呢？

統也罷！獨也罷！談的人先有一顆誠心，再談方案就會容易得多。

第四講

國際上如何看待中國統一問題：良友？黃禍？

現在連殺一條流浪狗都是「國際問題」，更何況是統獨問題，兩岸不論統獨，都大大的牽動國際權力版圖的重組。當中國富強統一後，到底如 國父所說的「濟弱扶傾」，成為列國的良師益友及主持正義的警察？或是世界的「黃禍」－中國威脅論？中國人自己期待了一百年，西方也顧慮了一百年。

為甚麼許多西方觀點認為中國強盛有威脅，而貧弱混亂更是舉世之「禍」，到底叫中國人怎麼辦？

壹、從「黃禍」到「中國威脅論」

西方人對中國有恐懼感，大概是蒙古成吉斯汗的鐵騎蓆捲踏遍歐洲之後的事，這段代表中國稱霸全球的風光時代，歐洲人視為「黃禍」，直到滿清中葉以降，中國開始沉淪，西方人終於有將近二百多年「報仇雪恥」的機會，打得中國人跟狗一樣，挾著尾巴到處求饒。

十年前「六四天安門」事件過後不久，大陸局勢動蕩不安，所幸經濟改革開放有成穩住陣腳。一九九〇年代大陸經濟快速起飛，西方人心中的「黃禍」再起。西方經濟學家分析中國大陸到二十世紀末，經濟規模會是全球第二位或第三位，到二十一世紀初就是全世界第一大經濟體。加上台灣、香港和大陸的經濟關係日趨緊密，將可能成為實力強大的經濟共同體。中共以其雄厚的經濟力量，正在加緊其軍事現代化，使解放軍成為「第三波」軍隊，以應付未來可能的「第三波戰爭」。現在中共已是亞洲強權，正在邁向全球霸權之路，挑戰西方（美國）的世界領導權地位，「中國威脅論」不脛而走。

美國哈佛大學教授杭廷頓（Samuel P.Huntington）在他所著「文明衝突與世界秩序的重建」、「美國國家利益的銷蝕」及「移民的悲哀和多元文化衝突」等，都有意製造「中國威脅論」和另一場「黃禍」的論調，並把「禍因」歸於「文明的衝突」——是「儒家文明」惹的禍。因而美國責無旁貸，必須起而率先捍衛西方文明的霸業。杭廷頓對中國文明的了解顯然止於皮毛，中國歷史上兩次強盛到會對國際有威脅，第一次蒙古人（當時中國人稱他們是異族，非中國的，未接受儒家文明。）；第二次是共產政權，更是非儒家文明，根本就是西方文明的產物。

中國的另一反面「弱、亂」也會是世界級的「黃禍」，在政治上的專權和苛政，及其所引起的動亂、殺戮、兵災等；牽連到經濟上的饑饉災荒、農民盲動，都引起人民大量亡命他鄉。如蒙古統治中國、清軍入關、黃巢之亂、民初內戰，及躲避共產黨清算、文化大革命等，有數以百萬、千萬計的中國人逃命，近者逃到東南亞、南洋各國，遠者美洲，乃至歐洲。

難民潮所到之處，如被捅破的蜂窠，群蜂鋪天蓋地而來；如飛蝗過境，昏天暗地。邊境立即成為戰場，不論難民或在地人都準備「禍」不單行了。

鄧小平在世不止一次說過（一九八九、一九九一），除中共外，沒有任何政治勢力能穩住中國，如果共產黨垮台，中國發生動亂，幾百萬難民湧到香港、台灣，幾千萬湧到東南亞，再有幾千萬到北美洲，你們要不要？

中國統一強盛威脅論，其禍因是專制，不民主；逃亡潮引來的災難，禍因是貧、弱、內亂與分裂。總之，中國不論強弱都是禍，乾脆讓中國不強不弱、不統不獨，維持現狀，不亂不戰爭，大概不是禍！這是西方的觀點。

我的觀點：一個自由、民主、統一、繁榮、穩定的中國，才是全世界的朋友，大家的福音，中國人可以「濟弱扶傾」。

貳、中共的觀點：西方「明統暗裂」

中美建交，「一個中國」就是雙方都可接受的條件，成為這二十多年來美國的中國政策基調。美國必須口頭上經常強調一個中國，但因把大量武器賣給台灣（特別是老布希、小布希），中共強烈認定「美國不支持中國統一」。中共副總理錢其琛於二〇〇一年三月，出席「人大台灣代表團」討論時表示，美國與中國聯繫的條件，是美國要從台灣撤軍、斷交、廢約，達成協議才能建交。到一九八二年二月，雙方在公報上規定逐年對台灣減少軍售，到現在二十年過了也沒減少。

錢其琛還說，美國支持國民黨打內戰，反對中國統一，出兵台灣，佔領台灣，到回頭和中國建立關係，還把武器賣給台灣。美國是支持中國繁榮發展，但不支持中國的統一。

小布希上台把先進武器賣給台灣，中共國家主席江澤民最近（二〇〇一年三月）在一個內部會議，以更強硬的態度說，若美國一定要利用對台軍售壓迫大陸，從實質上阻礙中國的統一，中國只能被迫投入衛國戰爭。中國必須加速軍事高科技現代化，發展高科技武器裝備，要至少擁有三、四種對付侵略勢力，具威懾力的高科技武器，否則中國的統一將遙遙無期。

現在東、西方觀點有了交集：不支持中國統一。為甚麼？西方為甚麼搞「明統暗裂」？要把「根」挖出來。

參、根：二十一世紀大戰略觀點

從柯林頓政府的「戰略夥伴關係」到小布希的「戰略競爭關係」，現在加強台灣這艘「永不沉沒的航空母艦」，對中國進行「新圍堵」——不支持中國統一。有兩個根本原因，第一是地緣戰略，第二是世界環境改變。

第一個原因請讀者參閱圖解註明，台灣正好位在「內新月形帶」及「陸洋對抗線」上，東（中國）西（美國）兩大強權誰控制台灣，誰就是贏家，台灣受制於美國，則中共的「第一、二島鏈國防建設」就破了功；只要美國控制「陸洋對抗線」（台灣、日本），就等於把中共死封在亞洲大陸內，太平洋成為美國的「前院游泳池」，大人小孩在裡面玩的快樂的不得了。中國人只能到關外去騎馬打獵。

第二個原因是世界客觀環境的轉變，二十一世紀是太平洋的世紀——是中國人的世紀，但美國還想稱霸全球。只好改變舊世代「重歐輕亞」的世界觀，歐洲事交給北約，而開始「重亞輕歐」戰略，未來將加強美日安保條約，持續增強台灣軍事力量，鞏固「陸洋對抗線」，以期把中共永遠封死在亞洲大陸內。

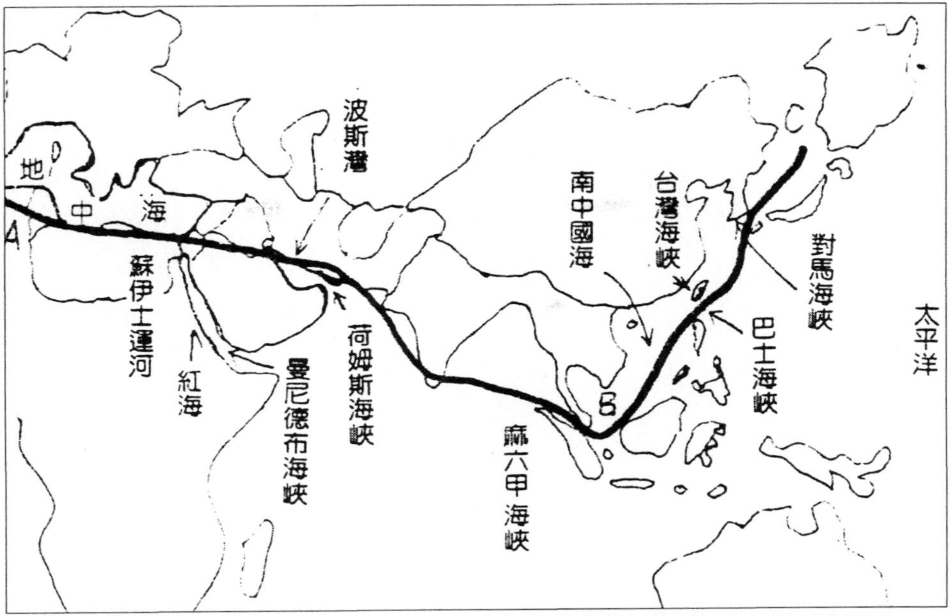

註：ABC線是世界地緣戰略的「內新月形帶」，控制這帶狀上地區，便能控制全世界。BC線段是亞洲大陸與太平洋地區的「陸洋對抗線」，也是陸洋銜接線，誰控制這線段，誰就是贏家。

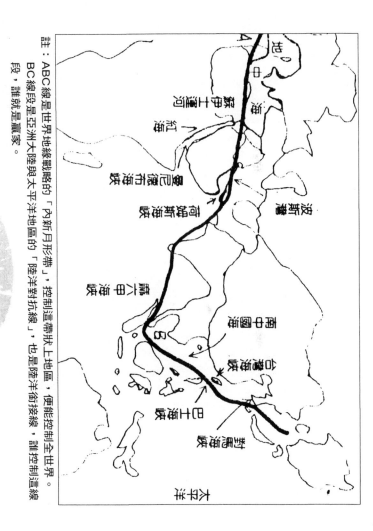

二十一世紀大戰略觀點是根本原因，美國即進行「新圍堵」，中俄必將成為「戰略夥伴關係」．讓中國繼續分裂吧！太平洋才會永遠是美國的「前院游泳池」。

第五講

中共是怎麼搞統一的？

中共為了統一是卯足了勁，文攻武鬥全來，前面講「中共怎麼搞台獨」的最終目標也是為完成統一工程。儘管自一九四九年後兩個中國在事實上形成，中共便用各種手段試圖解放台灣，各時期策略運用不同，動員整個總體國力搞統一則是相同的。

面對二十一世紀來臨，西方國家感受到強烈的「中國威脅論」，以美國為首對中國進行的大戰略包圍的「新圍堵」‧統一工程除了急迫感外，還增加國際勢力介入的嚴峻挑戰，如何進行「反包圍」以瓦解西方的「新圍堵」戰略‧這不僅是為統一創造有利態勢，也事關新世紀中國人在國際舞台的地位。

壹、武裝解放台灣時期（民三十八～四十三年）

國民政府播遷來台，在風雨飄遙中整軍經武，創機反攻。而中共初據大陸，對蘇聯一面倒，妄圖以武力攫取台灣統一中國。此期間的活動策略有三：第一是「黨的建設」，由大陸派遣大批諜報人員經各種管道來台灣，發展共黨「台灣省工作委員會」組織。第二「統一戰線」，叫囂「反蔣」、「反美」、「民主」、「自治」，拉攏投機左傾份子，建立統一戰線。第三「武裝鬥爭」，在台建立「武裝基地」，妄圖做犯台準備，但在進犯金門（古寧頭）時慘敗。

貳、和平解放台灣時期（民四十四～六十年）

台灣土地改革成功，政軍秩序穩住陣腳，中美簽訂共同協防條約，但中共已進入聯合國。在大陸掀起「三面紅旗」、「文化大革命」，經濟停滯，社會動亂。再發動解放台灣高潮，以「和平」攻勢，以軟化台灣反共鬥志，解除台灣軍民精神武裝，達到兵不血刃，收復台灣統一中國之目的。策略活動有四：首先不再叫囂「武裝解放台灣」，稱願和台灣方面進行和平談判。其次宣傳歡迎台灣人民回大陸省親會友，參觀學習，亦企圖煽動台灣內部動亂。再次聲言願以「西藏方式」解決台灣問題。最後仍和戰並用，發動「八二三砲戰」再度失利，武力統一中國的迷夢破滅。

參、和平統一中國時期（民六十一～今）

這時期分兩階段，前段從退出聯合國開始，國際姑息主義高漲，大陸爆發「四人幫」事件，但對統一問題的指導綱領，是「解放台灣要寄希望於台灣人民」，運用台獨人士進行「島內事命」。在策略運用上，重彈「國共和談、統一祖國」老調；對海外打著民族主義的大旗，號召海外同胞「認同」、「回歸」，展開「促進統一中國運動」；邀請海外台獨人士訪問大陸，規劃策動島內暴動。台灣方面堅持三不政策（不接觸、不談判、不妥協）化解中共統一攻勢。

後段從中美斷交、毀約、撤軍開始，統一策略調整為「寄希望於台灣人民、也寄希望於台灣當局」，並以「一國兩制」為最高指導依據。政策執行面有「三通」、「四流」、「三保障」、「四不」。所謂「四不」是統一後不改變台灣現行社經制度；不改變現行生活方式；不派軍政人員駐台干預、監督軍隊及人事；不改變台灣在國際上的文經關係。「三保障」是保障台灣私有財產、土地、企業所有權；保障台灣人民合法繼承權；保障外國投資不受侵犯。在台灣方面則開放探親、解嚴、開放兩岸文經交流、新聞媒體互訪等。

中共搞統一，從開始的「武裝解放」到現在的「三通、四流」，不論從那一方立場來看都是有進步的，若能加速開放大陸成為台灣的市場、腹地，統一就會是大勢所趨，眾望所歸。

肆、以「政軍經心」建設突破國際「新圍堵」創造統一有利態勢

全方位建設以提昇總體國力。對內持續改革開放，加速經濟發展、國防現代化、航母建軍，突破「地理國境」，擴大「戰略國境」，完成戰略部署，由「三北」（東北、華北、西北）調整為「四海」（渤海、黃海、東海、南海），其目的在突破海權（美國）封鎖。

配合戰略部署「由北向南」及「擴張國境」，在確保第一島鏈（日本、台灣，到汶萊範圍內），未來並將琉磺島、馬里安納、羅門群島的縱列弧形線納為「第二島鏈」，為國力有效控制之內。

對外為破解「中國威脅論」，中共提出「守勢國防政策」說帖：（一）中國軍隊永遠不稱霸；（二）中國軍隊絕不侵略別的國家；（三）中國軍隊不與任何國家軍隊結盟；（四）中國不在世界上任何地方建立軍事基地。外交方面提「全方位外交新政策」：（一）獨立自主；（二）和平共處五原則（互相尊重領土主權、互不侵犯、互不干涉內政、平等互惠、和平共處）；（三）反對霸權主義，維護世界和平；（四）「睦鄰、合作、經濟外交」是重點；（五）爭議性問題主張「主權擱置、共同開發、互諒互讓」。

為抗衡「美日安保」圍堵，例如未來可能與俄羅斯結盟外，已與印度簽訂「邊境地區和平安定協定」，與中亞國家（俄、哈薩克、吉爾吉絲、塔吉克）簽訂軍事信任協定，形成聯合陣線的安全體系。

中共的全方位建設當然不能解釋成全為了統一問題，也是為了突破西方霸權的圍堵，更是為了實現中國人長期以來「統一、富強」的美夢。也等於是為中國之統一創造有利態勢，當態勢形成之日，就是統一的最佳時機。

第三詭中，我從統一的觀點出發，與讀者聊聊統一思想及其價值、大陸時期的統一問題、一九四九年後的各種統一模式、國際觀點和中共怎麼搞統一等。

關鍵是讀者您怎麼搞統一的？何時統一才會是「利多」呢？還有，千萬也別把統一當成「真理」了！

第四詭 整合整合吧！統合或統一？

對台灣而言，
現在走獨等於走入死巷、死路，歹路走不下去！
走統的路，又像在自己頸子上綑一條繩子，
萬一越來越緊，怎麼辦？

對大陸而言，似乎也是文武都行不通，
武力進犯給了台灣獨立的合法依據，能否一舉拿下也是未知數！
怎麼辦？

整合整合吧！
現在台灣各黨派也都在整合，到底如何是整合？
就是「統合」嘛！乾脆說「統合＝統一」。

第一講 整合或是統合？——理論及其途徑與困境

近年國內政治人物常在談「整合」或「統合」，以設法超越統獨困境，突破兩岸僵局。但政治人物用詞很小心，統派人馬用「統合」就有顧慮，深懼有個「統」字，獨派就送一頂「台奸、賣台」大帽子。獨派人士聽到「統」就以為要舉白旗投降了，立即產生未經思考的情緒性反彈。凡此，都是現代版的「文字獄恐懼症」。於是，有的政治人物乾脆用「整合」。統合、整合和統一都有相當程度的重疊面，這一講先探討理論，途徑及其困境。

壹、整合與統合理論的內涵

「整合」（Integration）是國家發展過程中必然的現象，按社會科學百科全書（The Social Science Encyclopedia）的解釋，整合是「部分」發展成「整體」的過程，整合過程就是各種力量的相互激盪，包含比較、鬥爭、衝突、合作、認同等，當然也可能趨向瓦解。所以整合的結果可能是「合」，也可能是「分」。

「統合」（Unity），則有單一、統一、合一之意，例如「歐洲統合」（European Unity），有一個明確的目標，就是「統一」。所以歐洲統合也是一種整合，惟其結果必定是「合」，已經不可能「分」了。

「整合」和「統合」在語意上還是有鮮明的區分，但在國內政治環境和兩岸關係上，向來須要某種程度的「戰略模糊」空間，少有做明確區分運用者。故在本文二者視為同義詞，視文意須要使用。

學術界對整合論（Integration Theory）的研究，目前有三個學派。第一是聯邦主義學派（Federalism），以團結意識為基礎，依自願聯合方式建立超國家組織（Supernational State），重點在建立統一的政治形式，最終目標則是建立強大的聯邦式中央政府，這一派以杜區（K. Deutsch）為首。

第二是以米特尼（D. Mitrany）為首的功能主義學派（Functionalism），主張採漸進方式，依人類生活的各殊功能，建立跨國性的功能組織，打破以主權原則所形成的人為疆界，以共同利益為整合誘因，專家為主幹的結盟過程，這一派別的重點較偏重功利主義取向（經濟、科技），較不顧慮各國政治意願及態度。

第三是以海斯（E.Haas）和林白（L.N. Lindberg）為主的新功能主義學派（Neo-Funetionalism），修正了功能主義學派對各國政治勢力的漠視，而把重點放在政治力在整合過程扮演的角色，整合成敗取決於有關的政府、政黨及利益團體能否從中獲利，使各政治單位願意放棄絕對的主權，願與鄰邦結合或合併，以新的方式處理彼此的衝突。

綜上所述，聯邦主義者偏重政治形式，建立強大的聯邦政府，有「預設立場」之虞，其他社會、文化、經濟等活動也受到忽略。功能主義者則因忽略各國政治勢力，而顯出整合能力不足的困境。新功能主義者貢獻，在突出政治力整合過程扮演的角色。

貳、整合途徑之商榷

整合理論雖分成三個學派，惟各個學派都有高低不同程度的「統一」意涵在內。功能主義者從經濟和科技的整合開始趨向統一，並對各國政治整合及統一寄以「期望」；新功能主義者直接從政治整合開始，進行統一工程；聯邦主義者乾脆先「統」再「合」。因此，在整合途徑過程中，可以用「整合」（Integration）和「統一」（Unification）兩個變項做為分析工具。「整合」是政治體間心理、政策及制度的配合，一致性的程度。「統一」指政治體間政府的合併，創立新的政府，產生一種新的國家形式。如用座標區分，得出四個象，以甲圖表示。（參見八十七年十一月七日兩岸關係理論研討會，高朗「從整合理論分析兩岸間整合的條件與困境」一文）

象限（一）：政治未統一，有高度整合。

象限（二）：政治統一，又有高度整合。

象限（三）：政治未統一，也欠整合。

象限（四）：政治統一，但欠整合。

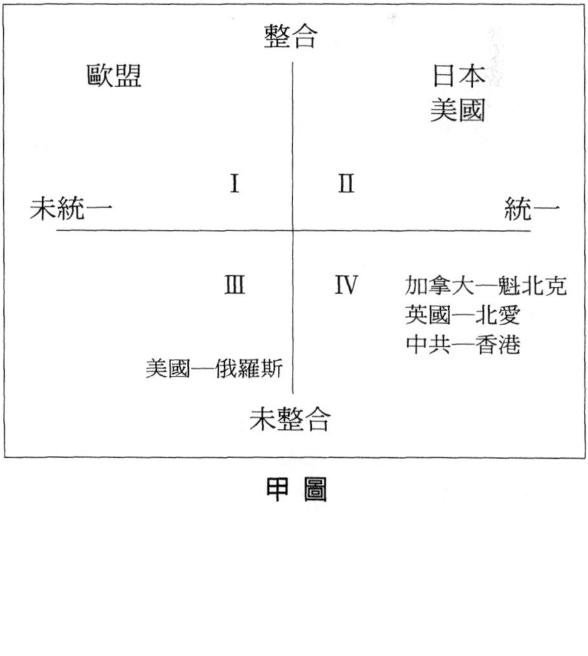

甲圖

上述四種組合中，歐盟屬象限（一）；象限（二）是最理想狀態，內部有高度整合，政治完成統一，如美、日等國家；象限（三）是目前的國際體系，列國林立，互不相屬；象限（四）是國家的整合與統一尚未完成，存在有國家認同及分裂危機。

在這個整合模式架構之下，從「未統一、未整合」的象限（三）為起點，到達完成「整合、統一」目標，顯然有兩種不同途徑，乙圖表示。一條屬於「漸進式途徑」（Gradual Approach），按象限（三）→象限（一）→（二），程序上先「合」再「統」，為新功能主義的策略。第二條是「概括式途徑」（Wholelistic Approach），按象限（三）→象限（四）→象限（二），程序上先「統」再「合」，屬聯邦主義策略。

自第二次世界大戰結束以來，許多政治實體都在進行整合工程，如非洲、歐洲

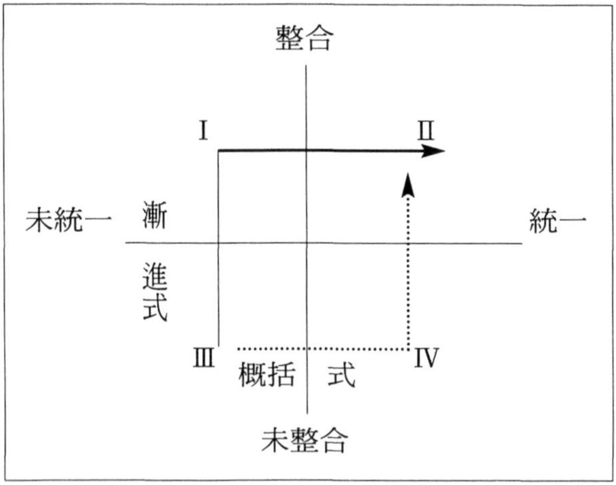

乙圖

及分裂中國家，整合途徑大致上不出上述兩種。理論上整合都有「路」可走，但實際的困境確很多，成功的個案極少，有的甚至付出很高代價只得到「暫時的成功」，前面舉過統獨實例都是。

參、整合途徑之困境爭議

區域整合（含國家及超國家）的基本困境有四。首先是一種「種族主義」或「部落主義」的困擾，這是封閉人格所形成「自我為中心的意識」，進而擴張「我族」為是，「他族」為非；我族為主，他族為次的思想及行為。其次是種族語言紛歧障礙，其結果是溝通和了解不良導至的「政治不安定」。其三是地域認同觀念的衝突，由「鄉土本位主義」所形成，習慣性的把其他地區的人視為「非我族類」。「閩人治閩」、「港人治港」或「住民自決」，都是地域觀念的擴張。最後是宗教信仰的歧異與衝突，因為宗教是民族構成要素之一，西洋史上長達千年的「黑暗時代」，就是為政教衝突而產生的爭戰。

每個地區整合途徑之困境也有很大差異，有些地方的社會制度（美國黑奴制度、印度種姓制度）都曾經是整合過程中的大難題。其他如經貿文化交流、民眾認知、菁英歧見及預期代價（戰爭與和平）等，也都影響整合難易及結果。

要解決整合（統合）過程中的困境，辦法還是有的，政治合法性的增強，平等政策取向及國家認同建立等。當然「統」、「獨」雙方都不能堅持己方是「真理」，對困境的突破有莫大助益。

第二講

世界潮流是否正趨向統合？

當冷戰結束，東西德統一，給世界上一些分裂中國家（如南北韓、兩岸中國）莫大鼓舞，認為經由整合→統合→統一是可行的。「德國模式」也成為兩岸研究統一方案中，熱門模式之一種。

再者，冷戰結束後「歐洲統合運動」也有很大的進展。回顧半個世紀以來的區域整合運動，除歐洲外，尚有「非洲統合運動」和「中美洲統合運動」為世人所注目。話說天下分久必合，合久必分，到底「合」是人們內心的期望，還是這世界已經走上「合」的趨勢？這裡要談談這三個大型的區域統合運動。

壹、「中美洲統合體」（SICA）

早在一九五一年已成立「中美洲國家組織」，其宗旨是發展中美洲國家關係，確保和平解決爭端，透過合作解決共同的問題，謀求一體化的經濟事務，並發展成為政治整合體。一九六九年宏都拉斯與薩爾瓦多戰爭，一九八〇年代尼加拉瓜與其他中美洲國家關係緊張，使此一組織形同瓦解。直到一九九一年七月再恢復，巴拿馬在此時加入為正式會員，十二月中美洲國家元首在宏都拉斯首都德古西加巴，舉行第十一次高峰會議簽署「德古西加巴議定書」，決定改「中美洲國家組織」為「中美洲統合體」。目的在加強區域內的政治、經濟、文化、社會、環保等事務的統合，建立一致性的政經法律秩序。

一九九七年九月，前總統李登輝先生訪問中南美，參與該組織元首高峰會議並簽署聯合公報，宣佈我國加入「中美洲統合體」，統合體目前是聯合國觀察員，對我國的國際關係應有助益。

貳、「非洲國家聯盟」→「非洲合衆國」

非洲的統合運動顯得混亂而成效不彰，但他們有一個高遠的目標：政治整合→非洲國家聯盟→非洲合衆國。大體上有兩條路線：官方和民間，參雜許多國際關係、族群衝突及仇恨，導至路線不明，目標模糊。

官方的「非洲獨立國家會議」（Conference of Independent African States），是迦納（Ghana）總統恩克魯瑪（Kwame Nkruma）所倡導奉行，他的基本信念是「一

個政治統一的非洲才是自救之道」。一九五八年四月第一次會議，有當時八個非洲獨立國家參加。第二次會議於一九六〇年六月在衣索比亞首都阿迪斯阿貝巴舉行，有更多的非洲獨立國家參加。

非官方的「全非人民會議」（All-African people's Conference），目的在促進非洲國家獨立，最終目標要建立「非洲國協」，故鼓吹泛非洲民族主義，第一次會議在一九五八年十二月，之後在一九六〇和一九六一年均有集會，主題都是非洲團結及統一。

一九六一年四月，迦納總統恩克魯瑪聯合一些非洲國家組成「非洲國家聯盟」，公佈「非洲國家聯合憲法」，宣稱此為「非洲合眾國」的核心。一九六三年五月，三十個非洲獨立國家在阿迪斯阿貝巴會議，成立「非洲團結組織」，恩克魯瑪在會中宣稱「不統一就是滅亡」。之後每年都舉行高峰會議，第二屆高峰會有「非洲聯邦」議案，惟各國不願放棄主權，統一工程均不了了之。

參、「歐洲統合運動」→一個歐洲大國

從歐洲二千年史觀察，就是一部各族群、國家、政治體爭奪主權的戰爭史，無數慘痛經驗蘊育著早期的歐洲統合理念。前代哲人如但丁（Dante, 1265~1321）、康德（I。Kant， 1724~1804）和聖西門（Saint Simon, 1760~1825）等，都倡議歐洲

統合成一個統一的政治體，才能中止永不休息的「內戰」。一九二九年法國外長白理安（A Briand）在「國聯」演說，公開建議成立「歐洲聯邦」。一九四六年英國首相邱吉爾（Sir W.Churchill）在蘇黎世大學演說，倡導建立「歐洲合眾國」（United States of Europe）。

戰後歐洲積極進行統合運動，一九五一年簽署「歐洲煤鐵共同體」條約，一九五七年簽署「歐洲原子能共同體」和「歐洲經濟共同體」條約，一九六五年上述三個組織整合成一個「歐洲共同體」（European Communities）。一九九一年十二月歐體會員國領袖假荷蘭馬斯垂克市（Maastricht）召開高峰會議，通過「歐洲聯盟條約」（通稱「馬斯垂克條約」），把歐洲統合運動推向另一時代高峰，進一步把共同外交、國防、安全具體化。

目前在歐盟架構下，有部長理事會、高峰會、執行委員會、歐洲議會、歐洲法院之運作。依照歐盟整合計畫書，歐盟是「歐洲聯邦國家」的過渡階段，未來如何統合成一個歐洲大國仍須深化整合及努力。

一九九五年十二月歐盟十五個國家領袖，在馬德里高峰會決定統一貨幣「歐元」（Euro），一九九九年元旦新歐元正式誕生流通，「歐洲政治統一」就是一條不歸路。歐洲的統一只是遲早的事。

天下之所以會分，一定有分的好處；之所以合，必定有合的利益。在前面各講我曾舉例，某些國家的分裂獨立運動（魁北克、東帝汶、科索夫等），都不算成功。為什麼？是否獨立並未形成趨勢？或其利益並未高出另一個反面（統）？

從本講所觀察天下大勢，除非洲外，「統合」的趨勢確已形成（歐洲、中美洲），兩岸的統合運動（不論那一型）遲早要再度啟動。台灣想把大陸變成「自己的市場、腹地」，只有「合」一條路，關鍵是如何合！那一種形式合！「怎樣合」會是台灣各黨派的重要政見。下一講就要談這個問題。

第三講 國內三大黨整合與統合論比較

「獨」的路線經過長年思考、試探，甚至有相當程度的驗證，幾已證明是一條歹路，一條不通的死路。國內各大政黨（民進黨、國民黨、親民黨）只好朝向「合」去構想，但各黨用字都非常小心，深怕落入「文字陷阱」中，被人抓到把柄。這一方面顯出國內一般人民的民主素養不足，易陷於意識形態框架內，也表示兩岸政治情勢對台灣的不利——大環境如此「統合」，各黨派能玩出甚麼名堂來？

壹、民進黨的「統合論」是啥米碗糕？

目前獨派並沒有「統合論」這種主流意見，他們雖承認中華民國，但止於「事實」存在的承認，沒有放棄台獨的最終目標。所謂的「合」也是各派系「各自表述」，只是陳水扁總統大概受不了客觀環境的壓力，提出「統合論」，而且現在政權在他手上，所以姑且以「統合論」做民進黨的兩岸整合主流意見。

九十年元旦致詞時，陳總統提出「統合論」，之前他聲稱與宋楚瑜先生徵詢意見，但因二人認知差距太大，找不到交集。到三月他接見世台會幹部時進一步解釋說，「統合」只是過程，是要尋求統獨間共識，「統合」二字如何解釋，有不同角度的看法，千萬別被文字所迷惑，應該進一步討論形成共識。五月就職一周年前夕接受日本產經新聞專訪又說，先從經濟、貿易、文化的統合著手，建立兩岸互信互賴關係後，再建立政治統合的架構。

獨派對「統合論」的看法，基本教義派（如羅榮光）就無法容忍，認為政治統合就是投降，但民進黨主席謝長廷說「不排除統一」（中國時報九十年三月十八日），陳總統自己認為「統合是過程不是結果」。

據新黨立委馮滬祥所述，八十九年十二月十五日他和陳總統在總統府會面，總統請他與北京當局溝通，向大陸傳達「統合＝統一」的立場，總統也表示自己支持「新中間路線」，因台獨基本教義派往後拉，所以不能變得太快。（九十年五月三十一日中央日報及當日國內各報）

「統合論」真相如何？目前可能是一場「羅生門」，尚待更多人表態認證。惟判斷民進黨的主流意見，應已向「統合」（過程及目標試探）傾斜。

貳、親民黨的「整合理論」和「屋頂理論」

親民黨主席宋楚瑜先生在總統大選期間，提出「整合理論」和「屋頂理論」概念。宋先生表示「整合理論」是要降低「統」字可能帶來的困擾，同時參酌歐盟經驗，主張兩岸關係應從經濟交流、社會互動到政治整合三階段逐步完成。然後輔以「屋頂理論」，解決一個中國問題。

所謂「屋頂理論」是德國完成統一工程所適用的理論依據，意指整個德國在國際法的意義上仍是一個國家，但無行為能力。戰後的東德和西德是在整個德國的屋頂之下，各為德國之一部分，不能謂據有對方之領土與主權。

九十年四月親民黨周年黨慶，宋主席發表「新台灣人主義、救台灣主義」檄文，批「保守的國民黨」和「躁進的民進黨」，警示政治資源是一種分享而不是獨佔，更非併吞；能分享才能聯合，能聯合才能整合。並進一步再解釋「整合論」說，親民黨主張「一個中國、各自表述」，兩岸關係回到一九九二年共識，依國統綱領進行三階段整合——經貿交流、社會互動、政治整合。任何台灣現狀的改變，必須得到台灣民眾的同意。

親民黨的整合理論顯係參用歐盟「統合論」和「德國模式」，但最後仍須人民同意，以突顯人民當家做主的民主理念。

參、國民黨的國統綱領「統一論」

現在誰能代表國民黨的主流意見？是李登輝的「兩國論」、連戰的「連十條」還是國統綱領？恐怕已和民進黨一樣各系人馬「各自表述」。因李登輝已「淡出」國民黨（形式上仍是黨員，事實上已叛黨），連戰已是民選黨主席，故現階段以連戰的主張代表國民黨的主流意見；且目前國民黨仍以國統綱領為國家統一的最高指導原則，但此二者仍有區別（如下對照表）。

國統綱領與連戰大陸政策主張對照表

	國統綱領（摘要）	連戰的主張（摘要）
近程（交流互惠階段——邁入中程之條件）	一、互不否定對方為政治實體。 二、建立兩岸交流程序，制訂交流規範。 三、大陸應推動經濟改革、開放輿論、實行民主法治。 四、兩岸摒除敵對狀態，在一個中國原則下，以和平方式解決爭	一、兩岸領導人應面對兩岸對等分治的現實，對「一個中國」的看法，各有不同。李主席所提「特殊國與國關係」，是務實自我定位，北京也不應預設「一國兩制」立場。 二、江澤民先生以具體行動展現和

	端，在國際間相互尊重，互不排斥。	平誠意。 三、以汪道涵先生訪台為起點，儘快實現雙方領導階層會晤。 四、建立兩岸軍事互信機制，推動軍事人員交流互訪、演習通報、建立領導人「熱線」等。 五、簽署和平協定，正式結束敵對狀態，創建「台海和平區」。 六、完善兩岸交流秩序，確立制度化解決問題之道。 七、簽署投保協定。 八、開展民主與經濟建設經驗交流。
中程（互信合作階段）	一、建立對等官方溝通管道。 二、開放直接三通，共同開發大陸東南沿海。 三、協力互助參加國際組織與活動。	一、實現領導階層會晤，安排定期高峰會議。 二、建立對等官方溝通管道。 三、依世貿組織規範，檢討兩岸經貿關係，放寬投資與貿易限

	四、兩岸高層人士互訪，創造協商統一有利條件。	制，協商開放直接三通。 四、建立經貿特區，優先金馬與大陸商務航運往來，建立金馬福建和平區。 五、協力互助參選與國際組織與活動，促進亞太金融穩定與經濟合作。
遠程（協商統一階段）	成立兩岸統一協商機構，共商統一大業。	只要北京領導人有善意回應，不預先設定「一國兩制」的立場，我們也能凝聚海內外中國人的智慧，來思考兩岸可長可久的政治整合模式。

資料來源：聯合報八十九年二月十八日，第三版。

國統綱領的統一目標明確，但「連戰的主張」統一目標變得模糊，其遠程目標只是「思考兩岸可長可久的政治整合模式」。連主席的主張頗似「歐盟模式」，但他在九十年三月十六日接受路透社專訪時仍強調，國統綱領和「九二共識」是穩定兩岸關係最好的政策，並評「統合論」是在「黑暗中摸索」。所以可以把連戰領導下的國民黨仍定位在「統一論」，國民黨若不偏離這條路線，未來台灣人民仍會給他們執政的機會。

前國統會研究員邱進益先生解讀國統綱領，就認為國統綱領本身就是「統合論」。統合可以是過程，可以是目標。從傳統的政黨光譜定位。國民黨是右派，民進黨是左派，親民黨是中間。但從政治現實環境觀察，民進黨的統合理論正在向右移動，國民黨的統一論正在向中間靠攏，而親民黨的整合理論就是「統一論」。還好，三黨的共同交集、共識是：台灣優先、人民優先。就整合途徑而言，國民黨和親民黨是「漸進式統一」，先「合」再「統」；民進黨則是「漸進式統合」，先「合」但「不一定統」，「統合」只是過程，不是結果。

第四講 中共的統合論：統一戰線

中共的「統合論」就是「統一戰線」，簡稱「統戰」，又叫「聯合陣線」，與「黨的建設」、「武裝鬥爭」，中共自詡是戰勝一切敵人的三大法寶。中共以前「搞」台獨，現在搞統一。乃至國共鬥爭時期搞「抗日民族統一戰線」、「重慶會談」、「政治協商會議」、「西藏和談」，都是在「統一戰線」指導下進行，打敗了所有階級敵人和解決了階級問題。解放西藏後，面對港澳、台灣的「一國兩制」，仍在「愛國統一戰線」的統戰論指導下進行。

統一戰線的戰略層次，是「在一定的歷史條件下，為了反對主要敵人同其他革命階級和一切可能團結的力量結成的同盟」，又叫「策略路線」或「總路線」。在戰術層次上實行「聯左、拉中、打右」，對統戰對象採取「團結、利用、改造」的「兩面策略」，軟到不喪失階級立場，硬到不破裂統一戰線。

在統一戰線的戰略、戰術指導下，看中共的整合途徑則頗為靈活，有時用「概括式途徑」（Wholelistic Approach），有時用「漸進式途徑」（Gradual Approach）。最終目標都是要把一切敵人和反對勢力整合、統合、聯合，再「統一」起來。過程中不惜使用武力。所以「統一戰線就是實行武裝鬥爭的統一戰線」，從西藏、港澳和台灣的實例來解讀中共的「統合論」。

壹、西藏「一國兩制」：先統合再解放

一九五一年五月中共和西藏簽訂「關於和平解放西藏辦法的協議」，這是「一國兩制」的舊版，協議十七條中對西藏同胞保證：

根據「中國人民政治協商會議共同綱領」的民族政策，在「中央人民政府」統一領導下，西藏人民有實行民族區域自治的權利。（第三條）

對西藏的現行政治制度，中央不予變更。達賴喇嘛的固有地位及職權，中央亦不予變更，各級官員照常供職。（第四條）

實行「中國人民政治協商會議共同綱領」規定的宗教信仰自由政策，尊重西藏人民的宗教信仰和風俗習慣，保護喇嘛寺廟，寺廟財產的收入，中央不予變更。（第

七條）

光看該協議條文，會覺得比香港「一國兩制」更寬大，香港僅五十年不變，西藏直截了當承諾「不予變更」，沒有時間限期。事實上世人皆知，共軍進入西藏後又提出「附屬條款」六十條，重要規定有取消喇嘛「特權」，統制重要物質，改革西藏幣制，登記「反革命」份子。原先墨瀋未乾的「協議」十七條已然廢紙一張。之後的「人民公社」、「文化大革命」西藏當然不能除外。

對西藏的整合模式，中共同的是「概括式統一」，先完成統合、統一，再解放。

貳、港澳「一國兩制」：先統再合待解放

港澳目前都已回歸中國，在廣義的歷史觀點上，代表從十六世紀後歐洲的亞洲殖民政策的結束，中國進一步獲得主權與領土統一、但在另一個角度看，是中共運用「統一戰線」理論，驗證「一國兩制」可以完成國家統一的過程，換言之，「一國兩制」是暫時的過度，最後仍要回到「一國一制」。套用阿扁總統的語氣說話，「統合」是過程，不是結果。那麼「一國兩制」就是統一的過程，不是統一的結果。

「一國兩制」的提出，最早是一九七八年十一月鄧小平接受華盛頓郵報訪問提到的

構想，一九八二年十二月全國人代會通過修憲規定「國家在必要時得設立特別行政區」，一九八四年五月趙紫陽在人大會議報告「一個國家、兩種制度」。重要內容有：第一是指在統一的中華人民共和國內，大陸實行社會主義制度，台灣、香港、澳門地區實行資本主義制度。第二是指在中國大陸和台灣港澳地區實行的政治、經濟和社會制度等各個方面有根本的重大區別。第三指國家主權是統一的，不可分割的，一個國家內實行不同制度的地區是國家組成的一部分，不應有國家主權，不能行使整個國家的外交、宣戰、媾和等權力。最後是實行一國兩制有憲法和法律保障。

一九九七、九九年，港澳回歸中國，英葡勢力退出，中共的公安部、國安部、武警、中央警衛局、國家保密局、解放軍很快在港澳完成部署，直接掌控全局。所幸港澳並未快速的「社會主義化」，當年的「西藏經驗」也沒有在港澳發生，此應值得肯定，這表示共產主義也有相當程度的「變天」。但港澳仍在漸變調整中，其整合途徑用的也是「概括式統一」，只是「先統再合待解放」。

參、台灣「一國兩制」：統合齊下難解放

中共在面對「台灣問題」的解決，到目前仍以「一國兩制」為基本政策，只是在整合途徑上採三重管道齊下。在「概括式途徑」上用港澳模式「先統再合」，一再強調現

行制度的不變，「香港幾個不變，社會制度不變，生活方式不變，自由港地位不變，相應的，對台灣的政策也是幾個不變。」當然，台灣和香港不一樣，不可能「香港化」，這條「概括式途徑」顯然對台灣起不了作用，沒有吸引力，無利可圖。

另一條「漸進式途徑」用的是「先合再統」，並不強調立即統一，可以先從經貿文化整合開始，如三通（通郵、通商、通航）、四流（學術、文化、體育、工藝），諸君看看這十多年來兩岸的「大陸熱」和「台灣熱」，是不是火燒的越來越旺。統一企業集團、台塑集團及無數的台商大軍，都已「佔領中國」，看來不久的將來，大陸極可能是台灣的市場和腹地，這是「漸進式途徑」、「先合再統」、「以商圍政」的效果與價值，誰能否認？

不論大陸熱有多旺，台灣還是沒有接受「一國兩制」，「統」「合」齊下還是不能解決統一問題。只有用第三條途徑，也是最後的辦法，武力解放台灣，行嘛？我們後面再談。

第五講

兩岸人民共同「由下而上、以民逼官、以商圍政」攜手統合

我觀察兩岸民心士氣久矣！兩岸的底層民眾對那些「當官的」都已感到很不耐煩，甚至很「討厭」，那些當官的只會「當官」，無心做事，兩岸關係搞得一團亂。在台灣方面，已是三黨不過半，沒有那個黨能獲得多數（至少半數）民心。那位號稱「民之所欲，常在我心」的李登輝還是被民心唾棄，他執政的末期民意支持度掉到三成，國民黨政權在他手上垮下來。在對岸的大陸也頗讓人失望，否則那有一波波的民主浪潮，前赴後繼。看看兩岸，當官的耍嘴皮，幹軍人的磨刀霍霍，殺氣騰騰。當老百姓的苦哈哈、忍氣吞聲過日子。

看來兩岸關係要搞好，讓老百姓好好過日子，只有兩岸人民共同一起展現「人民的力量」了。「得民心者，得天下」，天下本來就在人民自己手上，不在那些政治人物的手上。只要「人民的力量」具體展示，不怕那些當官的不在乎！因此，我以兩岸人民共

同「由下而上、以民逼官、以商圍政」攜手進行兩岸統合工程為戰略綱領，並從以下各項為戰術突破及持續強化進行的工作。

壹、持續增強基本人權的廣度和深度

人權絕非「上面給的」，也不是天生就有的，而是爭來的，甚至革命才能獲得。台灣如此，世界其他地方如此，大陸應如是。人權的範圍有受益權（生存、工作、財產、教育、安全、隱私權等）、參政權（選舉、罷免、創制、複決、服公職權等）、自由權（人身、居住、遷徙、言論、講學、著作、出版、秘密通訊、宗教信仰、集會及結社權等）、平等權（種族、階級、黨派、男女、宗教在法律上一律平等，及尊嚴、權利、法律、服公職權等），且隨時代潮流在增加中。對人權的保障是民主化及現代化的重要指標。台灣方面的人權保障，從「量化」看似頗有水準，從「質化」看距國際水準還很遙遠。

大陸方面比文革時期當然進步很多，但和當代潮流比則差很多。二〇〇一年三月中共人大批准「經濟、社會及文化權利國際公約」，是大陸人權保障一大進展。人權也有一些迷思（Myth）或灰色地帶，例如現在美國被國際人權組織排除在外，是否表示美國不如大陸民主，也未必！但不論大陸，美國或台灣，人權須要人民自己去爭取才會有。

貳、加速推動組黨結社基本權利

政治結社是人民的基本權利，這裡要單獨區隔出來講，是因為人民可以自由組織政黨為民主化最具體的指標。海峽兩岸在這一點是共病，都是「由下而上、以民逼官」才能獲取，大陸更是「革命尚未成功，民主尚須努力」。一九九九年間大陸民主人士積極籌組「中國民主黨」，可惜因中共鎮壓受阻，美國國務院也發表聲明，支持中國人民組黨的權利。江澤民表示「絕不照搬西方的兩黨制、多黨制」，認為大陸實行由共產黨領導的「多黨合作」和政治協商制度，是大陸改革、發展和穩定提供了有力的政治保證。

「中國民主黨」在一九九八年六月二十五日成立，全國各地已有二十三個分支，成員超過一千人，他們應繼續努力，為中國民主化播下種子。

參、「黨內」、「黨外」加速民主化

大陸的民主化到底要從中共黨內開始，或繞過共產黨從「黨外」進行?向有兩極看法。樂觀者根據中共經改帶動政治上的進步、社會趨多元、法治建立等，預料民主化已是不可逆轉的趨勢。悲觀者認為前述那些進步是微不足道的，中共有三百四十萬基層黨細胞和五千八百萬黨員，不可能把權力釋放出來。再者蘇聯瓦解的顧慮仍在，六四天安門的恐懼未消，擔心一放就不可收拾，失控了！我以為這個顧慮是合理的，必竟大陸失控會是台灣的災難，也是全世界的災難。

但民主化仍要進行，要用漸變方式一步步來。有兩個徵候值得注意，共產黨中央委員已經在試行用選舉產生，全國基層鄉鎮村正在推行民主選舉，全國人代會也在研擬縣長民選法案。民主就是這樣「漸變」出來的，「突變」式民主終究帶來更多動亂，並不值得。

從黨內或高層進行民主化是很困難的，大權在握的人都會迷戀權力，想得到更多。就像國民黨也是到了丟了政權才開始黨內民主化，所以民主化要以「黨外」為重鎮，由異議人士、民主派、底層民眾、在野勢力等，共同形成「人民的力量」，他們才是民主的長城。

肆、開放「戒急用忍」加速「三通四流」

非政治層面（經貿、文化、體育、新聞及其他民間活動）交流量的增加，是否可能促使政治整合，學者間也有異議，一九八八年十月美國商業周刊曾經指出，以大陸廣大的勞動力市場，台灣管理技術及香港的金融實力，大中華（Greater China）將會形成，這是以非政治面（Nonpolitical），有利可圖的方式走向統一。這是一種「漸進式統一」途徑，但台灣方面顯然擔心產業「跑光光」，一再的「根留台灣，戒急用忍」。其實當兩岸是「合」的狀態時，「根」在那裡已經不重要，重要的是整個中國成為台灣的市場和腹地。只要台灣的體質夠好，環境夠好，就會是廣大市場的「指揮中心」。

目前「大三通」趨勢已擋不住，「戒急用忍」已經「忍」不下去了，這就表示人民是走在政府前面的。市場的拉力加上人民的力量，由下而上、以民逼官、以商圍政，不怕兩岸整「合」不起來。民進黨主席謝長廷都說過，「金門和廈門是一個國家的兩個城市。」

伍、兩岸領導階層不要錯估形勢忽視事實

不光是領導階層，不少一般民眾也犯了這個毛病，在台灣者，易陷於獨坐島內「坐島觀天」的過度自我迷戀，以為出了「井口」就是「出頭天」。獨派精英利用這種迷戀的「致命吸引力」，割裂兩岸關係，等於叫二千萬人與十三億人為敵，豈不坐困危島。第二個錯估形勢，是沒有認清大陸二十年經改，政治社會已產生重大變遷，已是國際社會重要的一員，更是全球最大經濟體。台灣想用經濟優勢抗衡中共的政治壓力，已顯得力不從心。

在大陸者，是無視於國家處於分裂分治的事實，無視於「中華民國在台灣」存在的事實，這是一種霸道、吃定我的心態。這一步走不出去，心態不能改變，談「統合」當然不會有進展。

中國歷史上的分裂，都是掌權者、政治人物搞出來的禍；「合」則是人民走在前面，當多數民眾「合」了，政府不合也不行了。

在第四詭中，我以整合和統合理論觀點，除了與讀者諸君談談相關理論介紹外，也談世界的統合趨勢，比較國內三大政黨的整合與統合論真相，當然也應了解中共的統合論「統一戰線」。此應有利於釐清一般民眾對「合」的疑慮，或對統獨重新選擇吧！

最後把兩岸「合」的任務交給「人民的力量」，所謂的「大勢所趨」，指的就是一般民眾形一股多數的力量。這種力量會「由下而上、以民逼官、以商圍政」，讓「合」成為一種大趨勢、大潮流、不可擋。

第五詭 中華民族主義抓不住中國人的心嗎？

不論稱「中華」或「中國」，
其實在本質上已經包涵大陸十三億、
台灣二千三百萬及海外四千萬華人中的百分之九十八，
我們不是叫「中華台北」嗎？
「中華民族主義」不就是這一大群人共有的「心靈感應或交集」嗎？

現在事實不然，「合」才顯得困難重重，
這是一個內心深層很詭異的問題。
中華民族主義抓不住中國人的心嗎？
本書五、六、七三詭就是要談這個糾纏在我們內心數千年的
「神魔」，並尋求解除之道。

第一講

揭開人心的秘密——三把「神魔人」一體的利刃

人類社會的演化，從上古茹毛飲血的自然蠻荒時代以降，進入家庭、氏族的初民社會後，就以部落↓種族↓民族↓民族國家的順序向前發展。由於血緣、地緣和圖騰的關係，我們對部落、種族和民族，始終存在著一股或濃或淡的愛戀。就像人們對他的本源（父母），有一種或潛或顯的「戀母情結」，或「戀父情結」，為甚麼叫「結」？因為像一副枷鎖，很難完全爭脫，「脫」與「不脫」都有困境！

這種「結」與所處的社會生活相結合，便產生信仰，信仰就是一種「意識形態」或「主義」，會牢牢盤居在人們內心深處，成為你行為的主人。這三個潛藏在意識中的主人是：部落主義、種族主義和民族主義。

這三個主人在人類歷史發展的數千年中，頗似「神魔人」一體的三把利刃。時而像人，政治家用它來完成國家統一運動，維護民族利益；時而像魔，統治者用它屠殺人民，確保少數人利益；有時像神，把意識形態神格化，不可批判，不可違逆，也是很可怕。

本講首先要揭開這個「神魔人」一體的面紗。

壹、人心中部落主義的糾纏

部落主義（Tribalism）通常的定義，是指一群人、家庭或宗族，原始的或當代的，源自於一個共同的祖先，具有共同的領導，並與他們的奴隸或收容的陌生人形成一個共同體（Community），成員使用同一語言，奉行社會結構中一致的規則，且為了諸如農耕、貿易或戰爭等目的而共同工作，他們通常有自己的名稱，占用一塊鄰近的領土，以上是國內學者（如邵宗海、楊逢泰等人）的看法。一般人類學家認為部落主義是一套情緒與非理性的，具有初民的泛靈信仰（Animism），並能預知未來的超越科學的（prescientific）的生活系統。西方學者海斯（Carlton J.H.Mayes）則簡單的認為，部落主義是一種原始的，小規模的民族主義。

「部落」與「部落主義」在理論上有連繫關係，目前在世界各地仍有許多部落（組織、社會、國家），某些地方的部落主義曾被視為有很大的負面價值。非洲部落主義一度代表貧窮、落伍、封閉，象徵「黑色好戰主義」，這是因為部落是一種血緣團體的關係。近百年來非洲許多有志之士倡導，把部落主義轉型成民族主義，可惜成效都不彰，部落林立，彼此之間過於封閉、隔閡。

在現代社會依然存有許多部落，數個家族、小型宗教團體，特定人員組成的組織，自成一個「部落」系統。當部落與整個大社會或國家，不論在那方面有衝突，你的整合或選擇是甚麼？法律、理性、人情嗎？恐怕都不是吧！

貳、人心中種族主義的糾纏

種族（Race）的觀念從自然科學引出比較精確，動物界「屬」之下的分類是「種」，「種」之下是「亞種」。故人種是指人的自然分類，以共同、遺傳的身體特徵為依據，不論語言、風俗與國籍等。所謂「身體特徵」，包括解剖學、生理學、病理學等方面的遺傳特點，這些在人類學（Anthropology）上有決定性的意義，「種族」由此決定而來。凡以種族的身體特徵，特指膚色及身體結構上的差別而定人種智能上之優劣者，謂之「種族主義」（Racism），用此種論點為唯一根據，而 認優種之地位應高於劣種者，稱為「種族歧視」（Racial Discrimination）。

在民主開放社會有此種觀念或行為，當然是荒謬絕倫，但人類社會卻「真有其事」，至今在許多「民主先進」國家還流行的很哪！歷史上的奴隸制度、反猶太主義，對印度安人、黑人和中國人的歧視，印度「卡斯特制度」（Caste system），希特勒對猶太人的滅種屠殺，南非「種族隔離政策」（Apartheid）。因為那些荒唐的觀點，便有數千萬「人頭落地」或數百萬人被政策性的集體屠殺。

這種事隨著民主潮流終結了嗎？非也！英國、德國人都仍歧視亞裔，美國黑人仍受白人歧視且經常處於緊張狀態。冷戰結束後，波士尼亞內戰連年，就是境內克羅埃西亞、塞爾維亞和回教徒三族群，都堅持「種族淨化」。更嚴重的在非洲呢？

種族主義的糾纏能否從我們內心根除？答案是可以。首先用動物、植物的品種分類來處理人類的分類是「假科學」、「假理論」，這個迷思（Myth）要破除，便不會有人自命是「優種」；其之在立法和行政工作上落實執行族群平等政策（如教育、就業、法律等）；平等觀念不能止於考試、升學、研究，必須普及成為生活化的一面。

參、人心中民族主義的糾纏

民族（Nationality）是以血統、生活、語言、宗教、風俗習慣等因素為基礎而結合，所形成的一種人類族群，這是 國父的見解。現代學者又加上歷史、地理、意志等因素，亦為形成民族的要素。所以民族要經過極長時間才形成，不是短時間造成。

顯然民族是人類為自保、發展及實現願望而自然形成的政治系統，為了這個政治系統的建構，便產生了各種理論、心理。要求和運動，均可統稱之「民族主義」（Nationalism）。近代國家整合、統合、分裂等，都與民族主義運動有關。有倡導自由、開放的民族主義，如美國、歐洲的泛民族主義；有推動國家統一的民族主義，如意大利和中國的民族主義；有少數民族要求獨立的少數民族主義，也因此形成分離主義。

但民族主義也有造成侵略、獨裁者。在十九世紀末到二十世紀初，西方列強為爭奪原料供給及市場消貨，紛紛大舉向海外擴張殖民地，因利害衝突導至國際戰爭，兩次世界大戰的爆發，參戰各方都把民族主義當成釜底下的薪火，拼命的燒。結果就是製造更大、更多的問題，並為下一場戰爭拉開序幕。

民族結合了氏族、部落、種族而發展形成，民族主義也就包含部落主義、種族主義的若干要素，具有心理狀態、意識形態、政治運動的三重聯結並相互影響。不論過去、現在、未來，民族主義仍在我們心中糾纏，如何使民族主義的表現成為人道、民主、開放、自由的；而不要成為獨裁、侵略、霸道的，是各國主政者的重要課題，在個人方面就看民主素養和功力了。

第二講

兩岸民族主義異同比較

民族主義即由歷史、文化、地理、語言、血緣和風俗習慣等因素所組成，則兩岸民族主義會有較多共通「中國屬性」的一面，這點共通性維持台海半個世紀和平安定。或說此期間，「中華民族主義」是兩岸許多人的共識，但因兩岸特殊的歷史背景，共識已經產生異化，導至兩岸至今分合不是。所以回過頭來要疏理兩岸人民深藏在深心中的民族主義，探索這個意識領域的差異。按時代演進區分日據與二二八時期、戒嚴時期、解嚴交流等三階段，每階段概分大陸和台灣方面的發展脈絡。

壹、日據與二二八時期兩岸民族主義異同

此期間從一八九五年一九四八年，兩岸關係處於隔絕而不相隸屬的狀態。但因同一民族的血緣關係，大陸方面民族主義的發展也緊緊的牽動台灣方面；反之，台灣方面民

族主義的發展也受到大陸方面深刻的吸引，且因異族統治及偶然的歷史事件，民族主義產生若干異化。

一、大陸方面民族主義的表現

這段時間是中國民族主義意識的形成期，至少到 國父革命之初，民族主義是處於「滅亡」狀態的。一八九四年興中會成立，提出「驅逐韃虜」，一九〇五年同盟會成立，到後來的國民黨及數百個有民族主義色彩的政治團體，民族主義浪潮風起雲湧。戴國輝先生認為「中華民族意識」在辛亥革命時才有大規模的萌芽，但仍未成形。要到中日大戰才發展成形，換言之是以日本侵華為對立面，相對發展成功的。此期間民族主義的表現，如倒滿、反帝、抗日、民族自救，中國國民黨民族主義較有具體的基本政策：

第一、中國民族自求解放。擺脫帝國主義的侵略，廢除不平等條約，澈底揚棄次殖民地及東亞病夫的陰影，以期世界各民族以平等待我之民族。第二、中國境內各民族一律平等。倒滿已成，漢族便要族棄自大心態，以平等對待國內各民族，共同建設新國家。第三、濟弱扶傾世界各弱小民族。中國強大之後不能踵帝國主義之後去侵略別國，而是盡一己之力，幫助世界各弱小民族獲得獨立及平等地位。

此期間大陸方面民族主義也有逆流，例如共產主義者在利用抗日高喊民族主義，他們只是把民族主義當成一種策略運用，目的在獲得資源，壯大力量以達成國際共產主義的任務。他們壓根沒把民族主義當成目標去追求，而是當成要消滅的對象。這段民族主義的主逆流鬥爭，逆流贏了——民族主義亡——中國沉淪，共產主義贏，中華人民共和國誕生。

二、台灣方面民族主義的表現

此期間正是台灣處於日據時期，初回祖國又發生二二八事件。客觀環境的鉅變，中華民民族主義在台灣產生異化，台灣意識才有機會誕生及成形。首先，日據初期以台灣為主體性的「台灣意識」尚未出現，一般論台灣啟蒙運動之始是在一九二一年「台灣文化協會」成立。當然這要加上 中山先生、梁啟超、林獻堂和林幼春等人對台灣知識界的灌溉，才產生決定性的啟蒙作用。

縱貫日據時代，台灣意識在逐漸啟蒙之中，但中華民族主義並未因「皇民化運動」而產生質變，抗日運動此起彼落，前赴後續，循著兩條路線發展。第一條「島內派」，以日本本土和台灣本島為根據地，憑藉民族主義進行反日運動，為緩和性及妥協性的反日運動。指導網領為「喚醒民族意識→造成民族自決→脫離日本統治」。第二條「祖國派」，以中國大陸為策源地，是革命性很強的民族運動，用以支持島內派的民族主義啟蒙運動。

「二二八」事件是個不幸的偶然，卻種下台獨理論依據的「必然」，搞台獨運動的人把二二八事件當成台獨必須行動的理由，且轉化成日後「台灣民族論」和「台灣民族主義」的理論依據。所以說中華民族主義碰到二二八事件，確實產生異化，並且化成一個怪異的「台灣民族主義」，為何說「怪異」呢?因其尚未成熟，看不到形貌，少數政治人物嘴巴說說，在學術上尚不能成為一個可以分析的「概念」，在眾人心中也尚未能被接受。

貳、戒嚴時期兩岸民族主義異同

這時期兩岸民族主義有異於往昔的「新貌」，大陸實行共產主義，終極目標是消極民族主義，策略上是利用族主義來鞏固現政權。台灣則推行三民主義，執行　國父的民族主義以確保正統與民族文化。兩岸有一共同點，都把他們推行的主義，澈底意識形態化，使舉國上下思想、觀念和行為全部「定於一尊」。

一、大陸方面民族主義表現的方式

蔣中正先生在「蘇俄在中國」一書道破，共產主義在東方的發展，不是東方民族的經濟、政治、文化「落後」的自然趨勢，而是俄共利用東方民族主義與西方舊殖民地主義的矛盾。今天中共依然在利用這個矛盾，只是他們改個名詞「中國式社會主義」，但我們聞不到「中國式民族主義」的味道。用一個簡表示之，證據就一目了然。

中共各時期利用民族主義策訂的對台政策

武力解放時間（民38至67年）	一、對海外華僑動以民族情感，提出「認同、回歸、統一」的大義口號，要求華僑回歸祖國。 二、策動中國大陸民族主義情緒，圍剿「蔣幫集團」。另在抗美援朝、珍寶島事件、中印邊衝突、懲越戰爭都用了相同的策略——鼓動民族主義。 三、醜化台獨是民族的罪人，不斷聲明反對「一中一台」，積極準備武力犯台，完成民族統一大業。
和平統一時期（民68至今）	一、鄧小平時期：「一國兩制」的統一架構最合乎民族利益。 二、江澤民時期：「發揚民族優良傳統文化，兩岸是同一民族的血緣關係。反對台獨主張，不放棄武力犯台」。 三、民族主義、愛國主義基調，對民族主義的利用完全見諸宣傳窗口。

共產黨人的歷史一向「順我省生，逆我者死」，現在江澤民利用「中國式」裝飾，民族主義「表現」雖有不同，本質改變多少？仍是各界質疑的焦點。

二、台灣方面民族主義表現的方式

當大陸沉淪，這表示五千年文化古國已落入紅色共產浩劫——真是在劫難逃。還好，有逃過一劫的——台灣。這也表示挽救文化古國的重任要由逃過一劫的台灣扛起，推都推不掉。在當時的環境中，能代表文化中國者，捨三民主義而能外求乎？沒有。是故，只有　國父的民族主義是台灣方面民族政策的依據，憲法中都有規定。不少人質疑憲法這些規定大多未落實執行，但確實是這個時代台灣方面對中山先生民族主義的執著。如反共抗俄、民族復興、中華文化復興運動、漢賊不兩立、國共不並存，是這個時代民族主義表現的方式。

當民族主義在台灣被「定於一尊」後，很自然的便在對立面強化了「台灣民族主義」誕生的合理性，這或許是那些搞官方民族主義的人始料未及吧！「台灣民族主義」在那些特殊的場景（如二二八）中被搬出來，形成「台灣民族主義」的異化，但願不是異端。

參、解嚴交流時期兩岸民族主義表現異同

到了解嚴交流時期，兩岸民族主義的表現再度進入全新局面，但也因找不到「交集」而帶來政局不安，還險些引爆海峽戰爭。

一、大陸方面民族主義表現的方式

此期間以一九九五年「江八點」為代表作，且為基本指導綱領，至今未變，包含二〇〇〇年二月的「對台白皮書」仍未離「江八點」範疇。江八點隱藏了民族主義，化身成愛國主義表現出來，「呼籲所有中國人團結起來，高舉愛國主義的偉大旗幟，堅持統一，反對分裂。」除用來對台統戰外，也用在對內部人民及國際統戰。在國際方面，眼見共產陣營逐一瓦解，民主陣營日愈擴張，西方再用「中國威脅論」進行新的圍堵，民族主義正好是壯大自己的「威而鋼」。對內部人民則強化共產黨領導的合法性，讓人民把「中共」和「中國」拉上等號，降低黨的危機，愛國主義無異又是上選的妙藥。

二、台灣方面民族主義表現的方式

台灣是不與大陸打民族主義戰爭的，在此朝野似有共識，一方面是台灣民主化社會正在形成，必須淡化民族主義情緒，現代化改革才易於成功。再方面是台灣與中共打「民族主義牌」必敗，打「民主政治牌」則贏的機會很大。台灣雖不打民族主義牌，但已有了替代品，如台灣意識、自主意識、本土化、兩國論、台灣民族論等。其總體表現歸結成統獨架構，所以民族主義在台灣異化的表現，成為兩極化的統獨問題。

兩岸民族主義經過百年特殊歷史因素的培養，顯然台灣想要自立門戶（民族主義），想要放棄老母（中國），自己去追尋春天，只是地緣關係拉住後腿，走不了！如何和「老母」異中求同「統合」共處，須要開擴的視野和智慧。

第三講

「二二八」的解構與反思

誰抓不住誰的心，是因為誰幹了對不起誰的事！近代中國幹了兩件讓台灣人傷心的事，一件是台灣割日，另一件是「二二八」事件。這兩件事對後來的統獨問題影響差異很大，台灣割日對台民傷害當然很大，但整個日據時代抗日運動此起彼落，都為了要「回歸祖國」，換言之日本雖殖民台灣五十年，台民並沒有產生「國家認同」問題，割日事件並未成為台獨運動的理論或法律依據。

「二二八」的傷害或許不如全台割日五十年，卻因而使中華民族主義抓不住台灣人的心，台獨運動也常拿來當獨立依據，或當成培養「台灣民族主義」的土壤。故本文針對「二二八」重新解構與反思。

壹、「二二八」能否成為台獨的理論根據？

「二二八」事件之成為台獨運動的開端，更有基本教養派者，以異族的眼光，將台灣人和中國人在血緣和文化上視為兩個截然對立的民族，此誠屬不幸。但深究原因，第一是「台灣人意識」抬頭，所謂「台灣人意識」，按台獨論者所述分三個時期形成。滿清時代是萌芽期，以「明、漢」為祖國；日據時代是成長期，以中國為祖國；二二八事件是批判期的形成，對祖國破滅，開始追求台獨的理想國。第二個原因是敵對心理作祟，從心理學角度看，二二八是當時台人對當時台灣政經社會等各方面不滿，及要求參與建設動機受挫，所表現出來的攻擊行為，又因親友在事件中的犧牲而轉化成敵意的動機。例如彭明敏（曾任台獨聯盟主席，父因事件被捕）、林宗義（北美台灣基督徒自決會創始人之一，父因事件被捕遇害）、王育德（曾任台獨聯盟日本本部中央委員，胞兄因事件遇害），彼等以「切身之痛」，提出的台獨理論實較有煽動、煽情力。

第三、中共轉化的運用。關於這部分，台獨論者通常略而不提，學術界則仍列為考量。據彭孟緝「二二八事件回憶錄」，事件發生時國際共黨已在台灣積極活動，組織「人民協會」專搞叛亂，可惜長官公署和警備總部竟忽視。綜上三點所述，用一個事件製成一個理論，在科學上是不成立的，當成學術「理論」用也不對，實際上是政治現實造成的不幸。

貳、如何為「二二八」療傷復原

二二八事件雖孕育「異形」的台獨理論，造成族群間極大的傷害。所幸，數千年來中國人始終是「一笑泯恩仇」的民族，我們歷朝歷代多得是殺的血流成河的場面。春秋戰國時代報「九世之仇」尚屬合法範圍，「報仇」視為一種美德。但秦漢以後似未曾把什麼「血海深仇」記得超過三代，報仇觀念也慢慢轉換成「法制化」（法律處理，私人不准報仇）。

史學家黃仁宇從「中國大歷史」觀之，台獨運動雖然吸引相當注意，但尚不能算作有力左右台灣今後出處的挑戰者，台獨倡導人也如過去在大陸倡導自由的人士一般，無法將理想變成事實。理想常被人刻意美化簡化，而事實則充滿困境與顧慮，更多是非理性的糾纏（如前述的部落主義、種族主義、民族主義）。在現實社會中，確發現二二八引起的省籍情結，仍如幽靈般盤據在少數人的心靈中，自己走不出陰影，還困繞著別人。可見療傷復原做的還是不夠，目前完成的只是：各級政府首長參加紀念會或追思會；教科書正式公開陳述二二八事件；開放史料、檔案以供研究；朝野在民間合編「二二八事件文獻輯錄」；辦理受難者補償等。

這些形式上的政治工程外，更賴大家以更大寬容心胸去包容各族群，發揮我們傳統

「一笑泯怨仇」的精神，二二八的傷痕才有癒合復原之日。

參、二二八與國家、民族分裂的關係

如果用一個單純的事件，解釋國家、民族分裂的關係，在方法論上是犯了證據不足和不週延的毛病。但二二八事件是被獨派人士無限上綱成為「統獨」問題的理論依據，而且幾乎和半個世紀兩岸隔離之現狀，下一步是統是獨的問題拉上等號。（統獨成為主戰場，二二八支戰場）所以，這裡從二二八引出的命題，是兩岸現在的分裂是否造成民族的分裂？要有比較客觀的答案，就得回到歷史現場從經驗實證上去看個究竟，以我們中國為觀察範例。

史學家余英時在「廣乖離論」中，分析中國歷史上分裂時期的家族關係，認為家族倫理是中國文化系統的中心，政治倫理實際上是依附在家族倫理而存在。（聯合報七十六年九月二十三日）國史上真正政治統一始於秦漢，而首次出現大分裂時代是魏晉南北朝，因政治分裂而造成族群離散的痛苦，也在三國才凸顯成社會問題。漢末又造成政治上的分裂，「家族」意識超越「國家」意識則是重要原因。家族是比民族或族群更小的單位，其共同點是血緣關係。這表示政治分裂不會造成血緣關係的割裂，漢末後政治動亂而引起的避難，都以「家」或「家族」為單位，家族有超越政治而獨立的意義。

國史上分裂時代，敵對政權由政治考量而禁絕「通商、通航、通郵」，但事實上只是在民間轉為地下化活動。歷史又告訴我們，因政治分裂而流寓新土的子民，數十年後會認他鄉為故鄉，不肯再遷回本土了。現在不論「台灣人」或「外省人，在中共都叫「台胞」，在我們都叫「新台灣人」。離亂已是久遠的記憶，他鄉已成故鄉，早已落籍生根，「雖北風之思，感其素心」，探親之後還是要重返「新的故鄉」，何人能捨安樂之國，適習亂之鄉呢？

二二八雖上綱成統獨問題，並有分裂國家、民族的顧慮，但因「國家是武力造成的，民族是自然力造成的」，武力者無力可以相抗，自然力者不能相抗，故「統合」依然樂觀，分裂只是暫時的局面。

第四講

中華民族以前怎麼抓住「人」心的呢？

由近代兩岸歷史的鉅變，現在「中華民族主義」抓不住海內外中國人的心，這到底是「中華」還是「中共」的問題。很明顯的，是「中共」出了問題，是中共抓不住中國人的心。所以現在還得回頭「向歷史學習」，學習中華民族以前是怎麼抓住人心的！

最早所稱的「中國人」範圍不大，是受到「華夷之辨的文化觀」和「春秋大義的道德觀」兩重指標規範，也就是說中華民族會壯大，是用這兩個指標抓住「人」心的。不論是「中國人」或「非中國人」，在中華民族發展過程中都是抓的對象，這是中華民族成長壯大的原因。

壹、文化融合的自然力抓住人心

文化（Culture）是人類調適於環境的產物和成績，不論物質或非物質面都是。所以文化也是一大群人共同具有的一套態度、信仰、價值，或對世界的看法，由整個民族所形成者，便是民族文化。兩個以上民族相互接觸，便產生各種關係（接納、抗拒、重組等各種適應），謂之涵化（Acculturation）。在涵化過程中，較低文化常被較高文化所同化，這是一種自然力造成的融合。

中華民族在數千年文化融合過程中，就是這種自然力量的「吸收其文化，而廣被以文化」。古代中國以外週邊民族，依方位稱為東夷、西戎、南蠻、北狄，簡稱「夷狄」。中國與夷狄，乃是地理和文化上的區分，歷代不斷涵化（也是漢化），成為更大的中華民族。例如五胡亂華，黃河流域被匈奴、羯、氐、羌、鮮卑諸族割據，但胡人都被漢化；以後到宋代契丹、女真，蒙古自忽必略後，滿族入主中原，均先後浸潤於中華文化之中，使中華民族成為一個真正族群大融爐。

貳、道德規範的社會力廣被人心

我任職教於台灣大學時，在我的班上曾做過「非正式」民意測驗，試題是「四維八德即然是老古董，沒用的東西，乾脆廢除算了。」大家都反對，也就是大家仍肯定傳統道德的社會價值。

事實上中華民族就是以四維八德為立國之綱常，所謂「義之所在，當仁不讓；利之所在，纖介無私。不畏強梁，不欺弱小」，積五千年治亂興亡，以成就我民族明廉知恥，忍辱負重的德性。此種德性向外推演，就是「己立立人，己達達人」和「存亡繼絕，濟弱扶傾」的正義忠恕之道，故遠人來附。數千年來，各邊疆民族內附或同化，或相依而共保，或獨立自存，各順其民志民心；而中原民族對邊疆各族也沒有領土野心和侵略企圖，都是以道德規範為基礎的王道融和。所以我們常形容「對於異族，抵抗其武力，而不施以武力；吸收其文化，而廣被以文化。」

文化與道德的融和有一個共同前提為基礎，這就是地理因素。蔣中正先生在「中國之命運」一書說過，中國的山脈河流，自成完整的系統，沒有一個區域可以割裂，可以隔離，故亦沒有一個區域可以自成一個獨立的局面。在完整的山河系統下，各區域有其特殊資源，各區域的生活，或為狩獵，或事游牧，或於農工，或宜礦宜治，或專魚鹽，均依自然條件分工。此經濟共同生活，亦即政治統一及民族融和的基礎。

參、平等的民族政策抓住各族群人心

我國歷代對於邊疆不同族群，採取聯繫政策，蕃屬前來朝貢，出於對天朝的向心力，朝廷並且厚重賞賜以為回報。這種關係的基礎是「恩德」，有別於西方的殖民政策。惟邊政多特殊性，便設置專門機構來處理，例如漢朝設典屬國，掌理蠻夷事務。清代設有理藩院，清末改理藩部。民國成立後，各族平等，改稱「蒙藏事務局」，再改成「蒙藏委員會」。近年台灣為對少數族群加強保障，而有「原住民委員會」、「客家委員會」的成立。

中華民族數千年來的民族大融和，有許許多多的「異族」最後都成為「同鄉」，使中國成為一個地大物博，人口與族群眾多的中華民族，這證明前述的兩個指標（文化、道德），是維繫和抓住人心的兩大標準，中華民族主義是抓得住人心的。

但是，近百年來，中國境內的少數民族（新疆、蒙古、台灣、西藏等境內少數族群），常有統獨（國家認同）問題。有人認為是中華民族主義不行了，抓不住人心，少數民族主義才尋求脫離，我則認為這只是近因，遠因是帝國主義和共產主義，此二者才是「終極禍源」。

第五講

還民族主義的原貌原味才能抓住人心

在前講中，我們知道了抓不住人心的是「共產主義體系下的民族主義」，而抓得住人心的是中國傳統的民族主義。把傳統民族主義加以發揚光大並現代化者是誰？是 中山先生，目前兩岸唯一有一點點交集是在 國父他老人家身上。所以，要談能抓住人心的民族主義，只有 中山先生的民族主義，是原味的「中國式民族主義」。

壹、原味民族主義的演進

國父的民族主義最早用來推翻滿族統治（因不倒滿，便亡中國），在民前五年（一九〇七）發布「中華民國軍政府討滿洲檄」，誓言「自盟以後，當掃除韃虜，恢復中華，建立民國，平均地權，有渝此盟，四萬萬人共擊之。」到了民國元年已推翻滿清，民族主義成為五族一家，在「臨時大總統就職宣言」說：「國家之本，在於人民。合漢、滿、蒙、回、藏諸地為一國，即合漢、滿、蒙、回、藏諸族為一人。是為民族之統一。」

第一次世界大戰後，民族自決之論倡盛，而我國仍處於帝國主義控制及軍閥割據，國家四分五裂，民國十二年「中國國民黨宣言」提出，「清廷雖覆，而我竟陷於列強殖民地之地位矣。故吾黨所持之民族主義，消極的為除去民族間之不平等，積極的為團結國內各族，完成一大中華民族。歐戰以還，民族自決之義，日益昌明，吾人仍當本此精神，內以促全國民族之進化，外以謀世界民族之平等。」

到了民國十三年三月，他在民族主義第六講總結說，我們要治國平天下，先要恢復民族主義和民族地位，用固有道德做基礎，世界才能到達大同之治，故西方的民族主義初時像一個睡美人（Sleeping beauty），壯大後成為一頭巨獸（Monster），以帝國主義之勢入侵他國，專事殖民與剝削。中山先生的民族主義卻無此顧慮，這還得進一步看中山先生民族主義的宗旨和原則。

貳、原味民族主義的宗旨

國父的民族主義有三大宗旨：中國民族自求解放、中國境內各民族一律平等、世界被壓迫民族全體解放。第一個宗旨在求從帝國主義魔掌中解脫出來，使中國民族能和世界各民族居於平等地位。第二個宗旨要使國內各大小民族都平等，漢族佔總人口百分之九十四，其他少數民族佔百分之六，如何才能做到平等？ 國父主張「漢族當犧牲其血統、歷史、與夫自尊自大的名稱，而與滿、蒙、回、藏之人民，相見以誠，合為一爐而冶之，以成一中華民族之新主義。」對於滿族，不以復仇為事，而務與之平等共處於中國之內。多麼偉大的主張與實踐，斯拉夫、日耳曼或大和等民族，做得到乎？第三個宗旨難度最高，目前世界上還有很多區域戰爭，都導因於族群間的不平等關係（壓迫與被壓迫關係），如庫德族，胡圖族、突西族等，不勝枚舉。現在的聯合國空有有理想，實際上受大國利益宰制，那管的了弱小民族的死活！

參、呼籲兩岸實踐中山先生民族主義抓住人心

檢視兩岸推行民族主義現況，兩岸都說在推崇或實踐中山先生的理想，實際上大家都知道這是昧著良知說話，兩岸政權都正在喪失民心，只是比較那一方民心流失的快。因此，我要呼籲海峽兩岸主政者和所有人民，還民族主義原貌原味才能抓住人心，「得民心者，得天下」。以下五點是經由民族主義抓住民心的辦法。

第一、大陸需放棄消滅民族主義的理念。共產主義之目標本來就在消滅民族主義，此一理念不除，怎能說多麼熱愛本民族？又怎能說如何推崇中山先生呢？如「江八點」

就搬出「中華民族偉大的革命先行者孫中山先生」說，統一是全體國民的希望，能夠統一，全國人民便享福；不能統一便要受害。即要消滅它，又要推崇它，明顯的居心不良是在利用中山先生。

第二、大陸利用民族主義，使民族主義充滿著大吃小、強凌弱的情緒。說穿了這是一種帝王思想的大漢族主義，儘快回到中山先生民族主義的常軌來，放棄自大、自狂的心態，扶助弱小民族（如回、藏、客及各地區原住民）。對大的民族並無吃虧，反而加強少數族群的向心力，對統一豈不更有利？何須動用武力？自己成為千古罵名，也為分離者建立舞台。

第三、台灣有特殊的歷史悲情，才孕育出怪異的「台灣民族主義」，中共始終未加正視及了解。民族主義這東西靠對立面的「反作用力」打擊才會成長壯大，凝固成具有「合法性基礎的信仰」；反之，愈是容忍體諒，愈形萎縮；愈是打壓鬥爭，客觀形勢也愈壯大有利。那些搞台灣民族主義的政治人物，也要從地緣關係角度想想問題，戰爭與和平都在一念之間。

第四、兩岸應共同淡化民族主義情緒。當你想要戰爭時，就提高民族主義情緒；當你不想戰爭或想要和平時，就降低民族主義情緒，看看歷史這面鏡子不是如此嗎？不知兩岸同胞是否還想打一仗？想必答案很清楚。惟淡化民族主義情緒要兩岸一起來，大陸要搞改革開放，台灣要建立民主制度，都必須先降低民族主義的溫度。

第五、兩岸須共同朝向建立「公民民族主義」文化而努力，除了要共同面對外來入侵者（如共同保衛釣魚台），要升高民族主義外，其他都要淡化。兩岸關係不是敵對者，且有共同利益，有相當程度重疊的目標（如一個中國、現代化、制度化建立、經濟發展等），要走這條路，「公民民族主義」是必須的選擇。這種民族主義是溫和、理性的、受民主政治制度規範。走向現代化國家是兩岸共同目標，也是中山先生的理想。

在第五詭中，我們深確的探討為甚麼中華（中國）民族主抓不住人心，原來兩岸都誤用了民族主義，加上特殊歷史事件（二二八）的創傷，增強了疏離感。但兩岸政權若想抓住人心，得取民心，還是要回到「中國式」民族主義的常軌上，這就是中山先生的民族主義。既然中山先生是目前兩岸唯一有一點點的交集，他的民族主義也應該是兩岸的交集。

以平等為基礎的民族主義才能抓住人民的心，「得民心者，得天下」。現在台灣領導者善用玩弄及欺騙得民心，適得其反而失民心；大陸方面動不動喊「打」想嚇住民心，也適得其反而失民心。兩岸應深思之！

第六詭 中共想用異化的民族主義網盡所有人嗎？

在心態正常人手上的民族主義，
只有一種本質、一種面貌。
「民族主義就是民族主義」沒有別的變化，裡外一致。
但在善變者手中的民族主義，表裡會有各種形態，
「民族主義不一定就是民族主義，可能是其他。」
很詭異吧！

中共為了要網盡海內外中國人的心，
把民族主義加以異化、易容，
本詭就是談這些高明的「易容術」及其運用之真相。

第二講

揭開中共民族主義的眞相

民族主義本來的功用就是救國保種，最後才能到達大同世界。 中山先生就強調「講世界主義，一定要先講民族主義。」所謂欲平天下者先治其國。但共產主義者認為「欲平天下者先亡其國」，此即「國家消亡論」，欲滅其國，先亡其民族主義，所以民族主義理應是共產主義優先消滅，欲除之而後快的目標。

近十餘年來，特別是「一國兩制」提出後，李登輝第一次訪美前後，中共大舉用「民族大義」嚴責台灣。且在政治謀略上搬用民族主義，如此大倡民族主義必有詐，非深入探討難窺其究，以免世人受到煽惑。

壹、原始共產主義中的民族主義

在社會科學領域中研究共產主義，沒有所謂「原始不原始」的區分，此處指的是馬恩共產主義。在他們的理論中，把社會階層用二分法區隔成「資產階級」和「無產階級」兩者，民族主義代表資產階級的利益，是要被消滅的對象；國際主義代表無產階級的利益，是最後必然勝利的一方。最基本的理由是在共產黨宣言中說的「資產階級，由於開始了世界性市場，一切國家的生產和消費都成為世界性了。」照馬克斯之意，「民族只是一種基尼的標記」（基尼是英國金幣名，值二十一先令），基尼是在資產階級手中。無產階級只是產業工人，這些人不要民族主義，而要國際主義，他參加發起的第一國際，本名即叫「國際勞動者協會」（Association International des Travailleurs）。

以馬克斯繼承者自命的列寧（V.I. Lenin）也認為，資產階級的民族主義和無產階級的國際主義，這是兩個不可調和——互相敵視的。史大林、毛澤東等人，都認為民族主義只為資產階級的利益戰鬥，不顧無產階級死活。國際主義才是無產階級的最愛，共產黨又自命代表無產階級專政，消滅民族主義乃成為共產主義者的天職與目標。

貳、中共民族主義之本義

共產主義者在理論和實踐上常有相背現象，或行動超越理論，或只是在現狀中追求「矛盾中的統一」。在現行憲法中說，中華人民共和國是全國各族人民共同締造的統一的多民族國家，在維護民族團結的鬥爭中，要反對大漢族主義，要反對大民族主義，也要反對地方民族主義，早在一九五三年毛澤東在「批判大漢族主義」講話時說，許多黨員和幹部中存在著嚴重的大漢族主義思想，即地主階級和資產階級在民族關係上表現出來的反動思想，即國民黨思想，必須立刻著手改正這一方面的錯誤。毛澤東這番話把大漢族主義、地主階段、資產階段，國民黨等都拉上等號，顯然只為鬥爭上的方便。

實際如何呢？鄧小平和毛澤東是有傳承關係的，鄧在任西南局第一書記時，針對西藏問題有強硬的表態。他說，擺在你們前面的路只有兩條，一條是擁護祖國，跟共產黨走；另一條是背叛祖國，反對共產黨。前者是光明大道，後者是死路一條。我們再看看近年中共處理新疆、西藏等少數民族問題，就是很明顯的大漢族主義之體現。學術界的研究也認中共的民族主義，在本質上是漢族主義的延伸，武力鎮壓只是強化國家認同手段。

勿論民族主義或漢族主義，都已成中共維持政權的法寶，民國八十七年五月北京大學一百週年校慶，中央研究院院長李遠哲應邀演講，直言不諱的說，「社會主義制度中鼓動人心的，並非社會主義的理想，而是民族主義。」（聯合報八十七年五月六日）依作者之見，中共官方僅以民族主義的籍口，執行大漢族主義的政策，而民間則充滿著民族主義的熱潮，民族主義已從敵人變成「階段性朋友」。

參、中共對民族主義的需要與利用

中共雖在理論上，亦即文化觀點上，仇視民族主義，但在行動上，即政治謀略上則利用民族主義，這是因為需要。從國共鬥爭史過程來看，共產黨的目的通常都用民族主義運動來達成。抗日時許多美國駐華外交官和軍事人員都認為，中共是廣得民心的土地改者，共產主義成分少而民族主義成分多。九〇年代開始，中共又開始高舉「民族大義」，則是由客觀環境的轉變，促成主觀上的需要。這些條件包括有：

第一、後冷戰時期，意識形態大對抗的戰場消失，民族國家的對抗取而代之，民族國家利益當然視為優先。「共產主義中國」轉型成「中國」，凸顯出中共是民族國家地位，淡化共產中國的濃度。

第二、經改有成，市場經濟成為「不歸路」，需要民族主義理論來證明其合法性與合理性。

第三、從共產陣營相繼瓦解，中共得到一個重要教訓，即政權的崩潰是第一級危險，比社會停滯更危險，惟民族主義可以化解此類危險。

中共從原本要消滅民族主義，到利用民族主義，現在更擁抱民族主義。到底國際主義還要不要？中共所謂的民族主義，是中華民族主義、共產主義式的民族主義或大漢族主義?該說是「正在異化中」吧!國際主義已成遙不可及的夢想(全球共產化迷思的破滅),而民族主義正加速走向「中國化」。說來可悲,共產政權竟然要靠敵人(民族主義)來挽救。

民族主義雖被用來挽救共產中國,但中共並不敢明目張膽的使用「民族主義」,而是改用「愛國主義」。這是有原因的,除了馬列理論影響外,另一個現實是中國有許多少數民族(約一百多種族群),倡民族主義等於是鼓動種族意識(如前述的部落、種族、民族),製造分離主義。因此,民族主義便易容成為愛國主義。下講再分解吧!

第二講

愛國主義的形成與發展

當共產主義政權在東歐逐一瓦解，當共產主義快要被全部「丟入歷史的灰燼中」時，共產政權病入膏肓已是必然。單靠民族主義挽救政權已經不夠力，必須把目標鎖定在更明確的「國」——中華人民共和國，使「國」、「黨」、「中國」、「民族」設法拉上等號，才能確保政權的「存活率」。愛國主義在這種環境溫床中於焉形成，愛國主義是「救國」良方，古今中外國家要免於淪亡（任何原因），都是求助於愛國主義。中共明白其中道理，把愛國主義揮灑的更純熟，此深值我們去探討。

壹、愛國主義是內部控制的天然良樂

政治給人的印象，總未超脫「管理」或「統治」的框框，則「政府」、「統治者」和「國」三者難免常被混為一談；而「忠君」、「忠黨」或「忠於政府」也易與「愛國」

成為同義語，此東方國家的政治思想較為嚴重。從心理分析學說探究，愛國主義是一種親子關係的擴大，故我們常稱自己原來的國家為「母國」或「祖國」（Motherland 或 Fatherland）。當中共（中國）內部面臨失序或有崩解之虞時，拿出「愛國主義」這帖藥就是順理成章的事了。

社會各階層角落無不可用愛國主義加以控制，中共「中國天主教友愛國會」宗旨規定，團結教友發揚愛國主義精神，積極參加祖國社會主義建設和各項愛國運動。在「關於我國社會主義時期宗教問題的基本觀點和基本政策」，有系統的指示出宗教政策，規定全國各類宗教組織的任務，是「協助黨和政府貫徹執行宗教信仰自由的政策，幫助廣大信教群眾和宗教界人士不斷提高愛國主義和社會主義的覺悟。」此種「黨＝政府＝國家＝社會主義＝愛國主義」的文字遊戲明顯而技術低落。

中共政權靠意識形態維持凝結，愛國主義自然被徹底「意識形態化」。八〇年代後，中共社會主義的意識形態產生「三信危機」，更賴愛國主義填補其意識形態的真空。六四天安門事件，「國幾不保」，愛國之義再起，強烈警告各界：不要把國家——中國——中華人民共國——中國共產黨搞垮了；而且除共產黨外，沒有任何政治勢力能維持中國內部之安定，維持現有的改革和發展。

貳、用與帝國主義鬥爭達成共產國際階段目標

許多研究者都認為，共產主義者對於愛國主義和國際主義的心態，不論在理論或實踐上都相背相離的。但從共黨發展史看，愛國主義和國際主義大多時候是相容的，當邁向國際主義大目標有了障礙時，愛國主義是一個「備胎」，用來完成階段目標。一九三八年十月毛澤東有過理論指導，他說，「國際主義者的共產黨員，是否可以同時又是一個愛國主義者呢？我們認為不但是可以的，而且是應該的。愛國主義的具體內容，看在甚麼樣的歷史條件之下來決定。」按毛澤東的指導原則，愛國主義就是國際主義在民族解放戰爭中的實施，所以愛國主義平時備而不用（只用國際主義）。當歷史條件（客觀環境）出現，愛國主義就派上用，毛澤東說的，中國共產黨人必須將愛國主義和國際主義結合起來，我們是國際主義者，又是愛國主義者。

證諸史實，中共利用「抗日愛國」動員，竟能使數百萬人加入紅軍，不論匹夫匹婦都以為共產黨效命為愛國。這是偉大的力量，也是可怕的力量。

參、愛國主義的發展

中共緊抓愛國主義，至今已在憲法中有明確的定位，愛國主義與愛社會主義、愛共

產主義、愛國際主義都同等重要。同時透過憲法把愛國主義用在統戰工作上，一九八二年中華人民共和國憲法前言就規定，全體社會主義勞動者，擁護社會主義的愛國者和擁護祖國統一的愛國者的廣泛的愛國統一戰線，這個統一戰線將繼續鞏固和發展。

近年中共對統一工作漸感急迫性，民國八十四年春節的「江八點」就高舉愛國主義大旗，呼籲所有中國人團結「愛國」，完成統一。目的都為了鞏固政權，透過愛國主義具體表現為「熱愛自己社會主義國家、捍衛社會主義祖國、建設社會主義的覺悟和熱情。」

今天中共把民族主義異化、易容成愛國主義，也是情非得已。「世界在變，潮流在變」，共產主義無法應付巨變，只好隨著潮流「量變、質變」，否則那有「中國式社會主義」出現。在這個快速變異的大變局過程中，可以想見的是共產主義及社會主義的意識形態發生了「真空」狀態。即將進入一個思想多元分歧的大時代。這個時候的黨、國、政府（目前尚屬一體）面臨可能的分解，或更嚴重的生存挑戰。

可以預見，西藏、新疆、台灣等地區的分離運動更囂塵上，若任其分離獨立，則中國是否又回到戰國時代。更有甚者，中共要實現中國數百年來的目標：「富強的中國」，成為區域國際強權，愛國主義還是大大有用。洽如一九四九年毛澤東說「中國人民站起來了。」為以上諸種原因，中共仍將緊抓愛國主義，他們認為只有愛國主義可以達成上述目標。

可見愛國主義未來「市場」看好，許多人都說「中國一定強」，只好愛國了，管他那一國！（中國或中華人民共和國！）

第三講

民族主義與愛國主義的關係

我在前講說過，中共把民族主義加以易容，變成了愛國主義，表示這二者有密切的關係。因其本質有異，中共也不敢亂用，例如中共向來不敢公開使用「民族主義」，卻到處公然高談「愛國主義」。這和中國本身的民族結構有關係。首先還得從民族與國家的不同關係說起。

壹、民族與國家的差異（中國為例）

第一是界限不同。不管叫「中華人民共和國」或「中華民國」，界限都各自以本身的法律界定解釋，界限的表示要明確。但中華民族分布全世界許多國家，已經是沒有界限了。第二是成因不同，民族是自然力造成（不能用武力）。國家則是武力的產物，建國的歷程就是征服。例如中共打敗國軍，就建立中華人民共和國，當然中華民國也能用武力問鼎中原，拿下全中國的政權。這之間的關係唯武力是依，贏者建國，敗者落跑。第三是壽命不同，通常國家命短，而民族命長，如我們常說「中華民族延綿五千年」，但「中華民國在大陸」只維持三十八年，中華人民共和國雖熬過半世紀，但政權保衛戰也是危機重重，只能說「過一年賺一年」吧！「中華民國在台灣」也好不了多少，民國九十年六月「李扁體制」的「北社」成立，是台獨勢力的集結，中華民國真是存亡在旦夕了。第四是要素不同，國家多屬硬體設備，如土地、人民、主權與政府；民族多屬軟體設備，如生活、語言、宗教、風俗、歷史及血統等。

現在讀者會問，台灣已具備國家成立的四個要素，為甚麼台灣建國仍難如科幻？因為現代國家是「民族國家」，國家成立要涉及民族組成的各個要素，所以國家成立才顯得困難與複雜。

民族和國家還有一些差異關係，因為國家是一種有形有界的硬體設施，民族是一種無形無界的軟體設施，所以二者可以相互保護，國家用有形力量保護民族生存及發展；反之，民族用無形力量凝聚國家力量，抵抗外來侵略。當國家積弱，民族亦受到壓迫；民族衰落，國家亦將面臨亡國之痛。中國近代就是活生生、血淋淋的實例。

貳、相互保護與強化的關係

世間事物總是要丟掉了，才想到要抓住保留它。例如當我們高喊「道德重整、維護倫理」時，必然已經面臨「道德沉淪、倫理蕩然」的地步。滿清末年 國父為何高呼「民族主義」？蓋民族主義亡，下一步就是國亡。抗日時為何提出「國家主義」？也是因為國家快亡了，這是一個奇妙的世界，奇妙的道理。

民族主義和愛國主義存在著一種相互保護與強化關係，即然叫「主義」，就是一種信仰，一種意識形態，可以保衛硬體，也保衛軟體。中華人民共和國在海外華僑和台灣同胞心目中，並未被充份認同，對中共來講也是認同危機，若用「愛國主義」想抓住台胞和華僑的心，明顯的不管用。故用民族主義「強化」愛國主義，告訴大家不愛「國」就是背叛民族。也等於是用民族主義「保護」愛國主義。

反之，愛國主義也在保護民族主義，因為所謂「共產主義中國」也充滿著很多認同危機，這正好是少數民族主義的溫床。若少數民族主義倡盛，必然是中華民族主義被瓜分，下一步又是國（中華人民共和國）的解體，所以須要保衛民族主義的倡隆，但中共本質是反民族主義，故用愛國主義「保護」民族主義。

參、民族主義和愛國主義的替代互換關係

共產主義者對世界存在著一種理想，是「全世界的無產階級革命」，但這個偉大的

目標就像是「世界大同」一樣，是遙遙無期的，中間也有許多轉折困境。當八年抗戰直前，共產黨人已警覺到國際主義已不管用，若死抱著國際主義，共產黨人將死路一條。他們也不敢直說「工人無祖國」，改以「愛國主義」為用，毛澤東就認為愛國主義正是國際主義在中國的實現，是國際主義在民族解放戰爭中的實施。中共在抗日時也高喊「抗日民族統一戰線」，所謂「保衛祖國」和「民族解放」，都是共產革命的中間目標。

照毛澤東的看法，先使民族解放，再解放無產階級和勞動人民，這正是愛國主義，也是國際主義在中國的實現。當全世界共產革命尚未實現前，有民族、有國家，民族主義對於未完成統一的國家，主張統一；對於受壓迫的民族，主張自由，這是馬克斯也承認的主張。這也表示民族主義和愛國主義，都是共產國際的過渡，二者可以替代交互運用。

肆、民族主義和民族國家的因果關係

研究近代世界史的人大概都知道，民族主義的目標，和政治發展（Political Development）與民族自決（National Self-determination）的目標是一致的，那就是民族國家（Nation-State）的建立。（大多應稱「國家民族」（State-nation）難怪人們對國家建立如此的不能忘情，國家是如此值得「為她犧牲」，國家的地位被無限上綱而成為一隻「巨靈」（Leviathan），此「靈」就成為國家主義。所以傳統的政治學家James G. Garner才說，政治始於國家終於國家。

但當代社會學大師紀登士（Anthony Giddens）另有看法，他研究現代民族國家有日漸區域化的趨勢，民族國家與資本主義、工業化合成現代社會的三股勢力，民族國家並非民族情緒高漲的產品，而是「先有領土國家和民族國家，然後才能產生民族主義。

綜合各家之言，原來民族主義和愛國主義有相互依存的因果關係。難怪中共拿來當兩手策略玩，把統治下的人民和外界虎得一楞一楞的，都信以為是了。

第四講

中共如何運用愛國主義

共產主義者本來是要消滅民族和國家的，他們發現民族和國家之間，存在著一種「神秘的關係與力量」。而且民族主義適用於「九地之下」在潛藏之中運用，愛國主義適用於「九天之上」在彰顯之處運用。至今愛國主義已經和共產主義、國際主義平起平坐，憲法也規定國家提倡愛祖國、愛人民、愛勞動、愛社會主義的公德，在人民中進行愛國主義、集體主義和國際主義、共產主義的教育。

壹、矛盾中求統一：愛國主義

中共知道愛國主義好用，故維護政權首賴愛國主義。只是中共建政性質不同，一九四九年的革命兼具國家革命和共產革命的雙重特質，因而共產主義和國家認同乃一體兩面之事。換言之，中共統治中國大陸的法統（Legitimacy）持續存在，共產主義就涉及國家認同問題，甚至有助於提高國家認同。可見愛國主義是傳統中國與共產國際的「中間路線」，兼顧右派國家認同和左派無產階級革命的須要，用中共的術語叫「矛盾中的統一」。

「蘇東波」是個嚴重的危機，共產政權如骨牌般倒下，中共面對建國以來最大可能亡黨亡國的危機。如何讓中華人民共和國的旗幟持續飄揚下去，愛國主義還是一帖良方，把共產主義「國家化」，建設「有中國特色的社會主義」。只要人們熱愛社會主義祖國，不就是愛中華人民共和國，愛中國。只是我更懷疑，這些矛盾要由愛國主義來統一，已顯愈來愈困難。改革開放的「不歸路」走下去，還有多少人願意成天被這個主義，那個主義來統一？

貳、愛國主義是統戰利器

中共用愛國主義做統戰利器，是每個鬥爭階段常用的戰略指導，抗日時對知識分子和學生，台灣在戒嚴時代對島內各黨派及海外華僑，解嚴交流時代用的更合情合理。一九九一年中共省級統戰部長會議上的報告說，我國統一戰線不僅在愛國主義和社會主義兩面大旗下匯聚了成千上萬與黨多年風雨同舟，肝膽相照，對廣大群眾進行愛國主義，捍衛社會主義思想人文陣地，堅定在黨的領導下與黨合作共事，振興中華的信念。可見愛國主義的統戰對象，不光是台灣和海外，重鎮還是大陸廣大的群眾（人民、黨的幹部、各黨），這裡才是「社會主義思想人文陣地」。

在魯迅一一〇週年紀念日，江澤民發表講話，要以魯迅「我以我血荐軒轅」的愛國主義精神，扎扎實實做好統戰工作，鞏固愛國統一戰線，把一切可以團結的人都匯集到愛國主義的旗幟下。我前面說的，當人們把甚麼「價值」喊聲震天時，就表示那種價值已快被人們揚棄，這也是歷史通則。現在中共把愛國主義透過國家機器，拼老命到處統戰，這也表示人們對「國」家的不滿意度正在升高。應該是對中華人民共和國的不滿，不是針對中國，用愛國主義當統戰利器是愈來愈鈍了！

參、愛國主義是用來鬥爭任何階級敵人的大帽子

此舉為古今中外所常用，特別是在中、低度開發國家、威權、集權、共產、部落國家，及人治較濃厚色彩的國家，在政治鬥爭過程中，只要被政敵貼上「不愛國」、「叛國」、「賣國」等標誌，就常會「死的很慘」。在我們台灣最常用的是「賣台」或「台奸」之類的帽子都是攻治鬥爭常用的「抹黑」或「抹紅」手段。這些類型的政治體系，人民依情緒做選擇標準，依偶像指引方向，自己較少有獨立判斷的能力。

按大陸政治體系的成熟度，應該正是愛國主義最好用的階段，加上共產黨人善於計

謀，工於策略運用，愛國主義更是一項無所不用其極的兵器。可以用於鬥爭任何一方面的階級敵人，不論資產階級，帝國主義或共產黨內部鬥爭的敵人。毛澤東在「批判梁漱溟的反動思想」講過，愛國主義有三種：一種是真愛國主義、一種是假愛國主義，一種是半真半假的愛國主義，只有同帝國主義和台灣方面斷絕關係的，才是真愛國主義。這是一九五三年的事，時隔半個世紀，情事大逆轉，當大陸積極對台灣進行統戰時，誰與台灣方面拉上一點關係的才叫愛國主義。

愛國主義本身問題很大，怎樣才叫「愛國」？怎樣是「真」？怎樣是「假」？都只能由鬥爭雙方去定義，或由人民去自由心證。也因其灰色空間大，易於任人揮灑，中共能把愛國主義用的天花亂醉並不足為奇，重要的是對手（我們）如何應付！

第五講

少數民族主義是否造成中國之分裂？

少數民族主義（Micro-Nationalism or Mini-Nationalism）、或稱「小型民族主義」），是強調統一民族主義（Nationalism）的相對意義。少數民族主義為地方少數民族爭取自決自治，甚而脫離現有民族國家而獨立者。此在世界各地都頗為嚴重，僅在東南亞如菲律賓「莫洛民族解放陣線」、泰國回教獨立運動、印尼的亞齊和東帝汶獨立等。中國是多民族國家，地大物博，但滿清中葉後數百年積弱，使少數民族主義又告流行，因而帶來分裂的危機。會不會與前蘇聯一樣在突然間分解，各民族成為獨立的民族國家是始終存在的顧慮。台灣獨立運動就是想乘這班少數民族主義便車，但中共顧慮帶來全面裂解。

壹、中國近代少數民族分離運動回顧

中國近代少數民族的分離運動始自清末，重要族群有西北回族與維吾爾族、西南回族、蒙古族和藏族。

在所有的周邊民族，以西北的狀況最不穩定，一八二六年（道光六年）維吾爾族在英國援助下即謀叛變，一八六六年新疆組成「喀什噶爾政府」，積極扶殖成一個獨立的國家。西北不安也牽連西南回族，在一八六〇年代開始有大規模的分離運動，地方民族主義自此漸趨高漲。

蒙古族自一八五〇年代開始，有「獨貴龍」分離運動。西藏是英國在印度的勢力擴張後，進一步染指的地區。以上各周邊民族在十九世紀時僅止於「異志」，到了二十世紀則因帝國主義策動轉成獨立國家運動。大體上日本勢力在南滿和內蒙，俄國占有北滿、外蒙、新疆，而英國則控領西藏，在這些地區都曾有「滿獨」、「蒙獨」、「疆獨」和「藏獨」的歷史事實。其中，以俄國最貪瀆，日本最凶狠，英國最狡詐。現在中國境內少數民族的獨立運動都是十九世紀種下的禍因，禍源就是英國、俄國和日本的帝國主義侵略。若把現在少數民族的獨立運動都算在中共頭上，似也不盡合乎情理，但後起的政權有責撫平歷史的傷口，不能老怪「舊時代」。

貳、當前中國少數民族主義運動現狀

在鄧小平晚年到逝世前後頗長的一段時間，許多人在擔心他一走，大陸的穩定局面能否維持？顧慮最大的是「四毒」（疆獨、藏獨、台獨、內蒙），這些地方個個都想自己當家做主出頭天。

在新疆的維吾爾族，他們憎恨漢人，也痛恨中共統治，他們與中東地區的同種同族，老想在新疆建立「東土耳其斯坦共和國」（大陸淪陷前宣布獨立又被國軍救平）。在新疆還有穆斯林獨立運動，他們受到蘇聯解體的鼓舞，進行有組織的恐怖活動。就新疆全區，又以南疆最嚴重，也最有分裂的可能，是分裂運動的火山爆發點。

外蒙古獨立，相對的鼓舞內蒙古的獨立運動，統一蒙古民族為一個獨立的國家，給終是當地「黨外」勢力的呼聲。在一九六八到六九年鎮壓分離運動的歷史創傷中，約有四十萬人被當成反革命關押，五萬人冤死，但獨立運動並未平息，可見鎮壓解決不了問題。

藏獨在達賴宣布不追求獨立目標，只希望某種程度的自治後，似有和緩的空間。惟中共每年給西藏十多億元財政補貼，對九成農牧民實行半養，對四萬名喇嘛全部發薪供養。中共財政也在鬧窮，只要減少補貼，西藏就喊獨立，胃口越來越大，中共統治成本越來越高。真是硬也不行，軟也不行。

近十餘年來，中國的少數民族主義甚囂塵上，是否可能導至分裂成為繼蘇聯解體後，國際上新的觀注目標。不過中國因為是多民族國家，近半個世紀的共產統治。少數民族又多屬落後地區，政治不開放，經濟又不發達，確實存在一些易於導至分裂的「結構性亂源」。

參、大陸幾個導至分裂的結構性亂源

這些結構性亂源若未消除，光是鎮壓、補貼、統戰及洗腦教育（如愛國主義），只是解決一些枝節問題。首先要查知這些亂源。

第一、左右矛盾，此路不通。經濟向右轉勢必走向以市場為導向的社會型態，政治向左轉抓緊馬列及毛澤東思想意識型態。當人們吃飽喝足，有了錢，下一步就要自由與民主，到底給不給？

第二、共產體制式微不靈，加上強人領導日漸無力，普遍性制度尚未形成，進步與落後差距太大，現在整個大陸怎一個「亂」字了得，如何領導、統治這部世界最大的「有生機器」，真是危機重重。抓緊死掉，放鬆跑掉。

第三、失控與盲動，不像社會轉型。社會秩序出現失控現象，鄉村盲流，城市盲動，有點像將要解體或結束的朝代，也像是一個將要「變天」的社會。

這三點使少數民族主義更加熾熱，相對的「泛民族主義」（Macro-Nationalism）

整合更加困難。免強統一成一個大國，可能使權力「大集中」於一人或少數人身上，也是可怕的局面，但各民族都要獨立，中國境內至少可以分成一百個國家，打不完的戰爭，豈是人民之福。建立一個聯邦制國家，讓各民族在中華民族內有平等權力，由各族自行決定發展計畫，讓民主與法治成為共同的遊戲規則。如此有大國的自豪，又有個別地區的民族尊嚴，分離主義的「市場需求」必將愈來愈小。

在第六詭中，我們探討大陸用異化、易容的民族主義，企圖網住大家。從深意識的部落、種族、民族、國家的內心深處，來自民族主義和愛國主義能發揮多少功效？民族主義中共不敢太明目張膽的用，愛國主義的功能不彰。小結論是民族主義抓不住全體台灣人的心，原因是「台灣民族主義」的種子「台灣意識」正在成長，這是第七詭的主題，下回分解吧！

第七詭

我思故我在：揚起「台灣民族主義」的大旗嗎？

「我是誰？」

從台灣走上歷史舞台的這一百多年來，
台灣在舞台上找不到角色定位。
特殊的歷史事件：割日和二二八，
大中華民族主義漫天灑網，武嚇文攻，愛國主義的大帽子。
凡此，都激起台灣思考「我是誰？」，
若我不思考，豈不存在乎？

這一詭，我與諸君共同思考這些問題。
台灣意識的內涵、台灣意識與民族主義、
異化的台灣民族主義等。

第一講

台灣意識內涵之解析

討論這個主題時，發現有些詞彙在語意上有若干重疊，如「台灣現實意識」（即簡稱「台灣意識」）、「台灣人意識」、「台灣居民意識」、「台灣主體意識」、「台灣民族意識」，乃至「台灣化」、「本土化」等，這些名詞分別在政治、社會、文化、地理等諸領域中，可以進行深入的概念解析，有些個別差異，也有許多重疊意涵。因其語意頗多灰色地帶，故常使人產生混淆，此處無須逐一剖析，我以「台灣意識」一詞為主軸，探討有關台灣意識的源頭和發展。

壹、台灣社會的基本性質

任何思想、意識之萌芽，必有其客觀的「溫床」（社會現實環境）。探究台灣意識的興起，首先當觀察台灣社會環境的基本性質。據一般學者研究，台灣社會的基本性質可區分中國社會、後殖民社會和獨立社會三個層次。

所謂「中國社會」，是從倫理環境言，中國的人文本位精神及家庭倫理價值觀念之深植，這是台灣社會發展的基礎。中國數千年的歷史、文化、文學、藝術、道德、倫理等，都植根在這層深厚的土壤基礎中。日本統治期間的「皇民化」和台灣近數十年來獨派人士刻意推行「去中國化」，都未能動搖這層基礎。

所謂「後殖民社會」，是從歷史發展環境言，長時期的殖民地經驗對台灣社會產生鉅大變數，即是「國家」符號意識與國家認同的不明確。台灣老一輩的長者仍有極少數活在日本人——中國人——台灣人的掙扎中（李登輝是此類型的代表）。不少老人以能唱日本歌為榮，是對殖民時代的懷念和回憶。

所謂「獨立社會」是兩岸長期對抗（從割日到國共對峙），形成此種獨立社會。從中國社會到獨立社會，內部潛藏著難於消解的自我矛盾，再從殖民地位提昇為一個獨立運作的政治實體，「獨立社會」的主體性於焉建立。

獨立社會的本質形成，從歷史發展觀之，是長時期醞釀而成，因而成為台灣意識的溫床，日本學者張良澤（支持台獨）曾把「台灣人意識」分成三個時期發展，最初「傳統的台灣人意識」時期，此在滿清時代，台灣人用自己的力量開拓台灣，台灣人並沒有把滿清當成祖國看得，內心中的祖國是「明漢之國」。其次「覺醒的台灣人意識」，此期間受到「民族自決」、「民權思想」、「民主主義」和「自由主義」等世界潮流的影響，形成了以「台灣民族自決」為核心的「台灣人意識」，此時的祖國是中國。第三期是「自省的台灣人意識」，這是二二八事件後，企求台灣成為一個「烏托邦理想國」的期望。日本學者的論述，明顯的是在為台獨找理論依據。

貳、台灣意識：從播種、萌芽到成長

稻子的成長不會只須要一種元素，台灣意識的成長也是。早在唐景崧任台灣民主國總統時，電報奏清政府說，台灣士民，義不臣倭，願為島國，永戴聖清。又公告中外說，今已無天可籲，無人肯援，台民唯有自主，推擁賢者，權攝台政，事平之後，當在請命中國作何辦理，劉永福接任大總統職，亦告諸代表，「我中國人也」。

民國七十三年國內有一場「台灣意識」論戰（施敏輝，台灣意識論戰選集），曾提到滿清時代，「台灣人」只是狹義的指住在台南一帶的漢人，因為那時是台灣府治所在地，日本學者張良澤的說法不很正確。前述解說清楚看到「台灣意識」並非興起於滿清時代，頂多「台灣民主國」只算一粒有機會發芽的種子，沒有後來的「水」灌溉，也是胎死土壤中。

日本統治台灣期間，進行近代化殖民建設，全島性的交通、經濟、農工體制逐漸在島上建立，近代化的社會經濟條件凝聚出「全島意識」。當然抗日運動也貫穿整個日據時期，「祖國派」和「島內派」是兩個旗幟鮮明的反抗運動系統，都是以台灣意識為中心來發展，如台灣民報、台灣民眾黨、台灣義勇隊、台灣文化協會等，都以台灣意識做為堅強的思想武器。這是台灣意識萌芽與成長的證據。

有的學者（如江迅）認為，台灣意識是二二八事件的產品，在此之前，台胞充滿了「重歸祖國懷抱的興奮之情」。這又犯了「單一元素」成長病，幻想是短暫易逝的，意識是有系統、完整而長久的信仰。單一的二二八事件如何能立即產出「台灣意識」？又不是在生產電視機！

參、台灣意識靠中國意識的反作用力凝結

力與反作用力相等是自然界的法則，台灣意識亦然。民國六十年代中原意識與台灣意識對峙，統獨立場鮮明，以後也持續對立並凝結力量。隨著整體性經濟發展，台灣意識已影響到社會的各個層面，甚至連倡導台灣鄉土文學時，台灣意識是重要動力。在政治的戰場上，台灣意識成為鬥爭的資源和武器，反對勢力稱「台灣意識是黨外民主運動的基石」，黨外搞政治運動，台灣意識是必要條件。

由於政治鬥爭刻意的深化，統獨持續對立，且雙方正在增強戰力，使得「台灣意識」

和「中國意識」產生了對抗心理，在每個領域都有鮮明的對比，下表可以看的更清楚，有更明確的概念。

中國意識和台灣意識對照表

認知＼情結	中國意識	台灣意識
民族來源	均為華人，同是漢民族。	認同華人，但祖先來台三、四百年後自成體系。（偏激者提倡台灣民族論）。
鄉土感情	對台灣有家園感情，對大陸有父祖根源。	對大陸陌生，「我的中國在台灣」（梁景峰語）。
國土意願	台灣蕞爾小島，渴望做泱泱大國的中國人。	台灣雖小，五臟俱全，可向海洋發展。
政治因素	國民黨承襲中國大陸以來的法統和正統。	台灣前途應由二千萬人自決。

經濟因素	大陸消費市場大，兩岸結合才有出路。	台灣脫離大陸經濟圈四十年也能自存。
文化因素	台灣除少數原住民外，均沿襲中國大陸。	台灣幾百年來也吸收外來文化，與大陸漸遠。
歷史認知	台灣自古以來為中國疆土，是中國一部份。	台灣自荷蘭、明鄭、日據均不受中國統治。清朝還將台灣割讓，台灣要面對現實，自行去除孤兒意識，獨立自主。

資料來源：楊青矗，台灣命運中國結（台北：敦理出版社，一九八七年），頁二〇八～二一〇。

台灣意識有頗為寬廣的空間，在台灣不論那個族群（本省或外省），「台灣人」已有高度認同。有人認為「台灣民族主義」已經存在，有多少真實性，還要進一步去找證據——「幾分證據說幾分話」，下回再找。

第二講

台灣意識與民族主義的關係

「台灣意識與民族主義的關係」所要追究的，是台灣意識是否已經成為一種民族——凝聚成台灣民族？其前提是「意識→主義」之間的過程，是否有明顯的成熟證據？也就是台灣意識是否已經昇華成民族主義？假設稱之「台灣民族主義」。

「意識」是一種心意、意志或觀念，是潛在的精神。所以民族意識是民族主義的根本，民族意識是民族主義的靈魂，民族意識的強弱，攸關民族主義的存亡。如 國父所說，主義是一種思想，一種力量。這是「意識→主義」的連接過程，換言之，要先有「台灣民族意識」，才能有「台灣民族主義」。在邏輯上，也追查「台灣民族」是否成型？

壹、從「台灣民族」到「新興民族」

關於民族的形成，當代學者綜合傳統與現代的各種研究，認為有九種要素（血統、生活、語言、宗教、風俗習慣、歷史、地理、意志、國家）。這是一個簡單的觀察標準，「台灣民族」在這九項要素中，有那些是可以和中國區隔出來，並且和「中華民族」形成鮮明的差異？那麼，我們便能認定「台灣民族」已經成型。

一九七〇年代美國對華政策產生根本改變，台獨失法重要的支持者，台獨運動陷於低潮，於是用「台灣民族論」為自己鼓舞士氣。這由廖文毅的混血「台灣民族論」開始，但從尼克森到過北京後，張燦鍙的台獨系統一度曾要放棄「台灣民族論」，因為廖文毅、邱永漢、辜寬敏等人放棄台獨運動返台。他們認為運用「台灣民族論」，以期望在美國支持下達到台灣獨立的路已經不通了。

接著史明、許信良等開始標榜「新台灣民族論」。由於「舊台灣民族論」（張燦鍙系統）太過封閉，排外，他們排斥住在台灣的外省人，絕不說國語，主張台灣人和中國人是不同民族，此種基本教義思想因與「市場」落差太大，終於「退出市場」。許信良的「新論」則比較務實，並較接近社會現況，表面上不再歧視外省人，號召大家共同對抗中共。許在整個黨外運動時代，都仍高舉著「台灣民族」的大旗揮舞。但終究民族結構（前面的九種組成素）並未形成，「台灣民族」頂多只是一個鬆散的社團，只好「下架」，又退出市場。

時代向前推演，一九九五年總統大選前，許信良提出「新興民族」觀，時任民進黨主席的施明德提出「大和解」政策，都對民進黨的溫和路線有很大影響。「新興民族」運動意圖以更新的視野，更大的包容量，以最大公約數整合台灣民眾。這個溫和路線遭受台獨基本教義派非難，並導至建國黨成立，民進黨內部也不支持。據前新興民族基金會董事長陳文茜所述，這個路線邊緣化只是一時挫敗，時間會證明他們的前瞻性和正確性。新興民族終於又下架，退出市場。

貳、「台灣民族」沒有客戶與市場的原因

任何一項產品想要有「市場佔有率」，大前提是要有多數客戶及市場，此在民主社會除特殊領域外，幾乎是一項「鐵則」。若客戶流失，市場淪陷，表示該項產品不被民眾接受，不管如何打廣告，效果還是有限。「台灣民族」就是這種產品，我們仍須深入追查「下架」原因。有以下三項。

第一、台獨運動始終是資產階級（小部份）的運動，廣大的人民（如學生、知識分子、中下階層等）並未受到台獨思想的洗禮。再者「台灣民族論」循著兩條公式發展：其一是中國民族＝統治民族＝壓迫階級；其二是台灣民族＝被統治的民族＝被壓迫階級。這項「理論」的問題，出在不能接受實況的檢驗，不能驗證的理論，若非科幻就是

謊言。

第二、「台灣民族論」者，主張「台灣人」有別於「中國人」，「台灣民族」有異於「中華民族」。這個問題更大，首先是民族構成的九項要素，理論與實際都找不到根據，也就是說從民族組成要素來看，「台灣人」和「中國人」是割不開的。有如父子關係，不論如何宣告聲明「脫離父子關係」，實際上無法脫離，其次是前講所提的，台灣社會是「中國社會」的屬性，連日據「皇民化」運動都無法動搖，現在幾個政客的聲明怎麼可能改變這層深厚的基礎結構？

第三、「台灣民族」難於形成的原因，正如台灣史名家戴國煇先生認為視野狹窄，不夠寬廣，若能放大格局，再過五十年，一百年或許有可能把「台灣民族」培育起來。從學術上的「民族國家論」來談「台灣民族論」，也很難成立。

民族主義的形成須要民族意識，台灣民族主義的形成當然須要台灣民族意識，但「台灣民族」並未成型，所以「台灣民族主義」只是虛構。把視野放大，未來或許有機會成型。

第三講

虛擬的台灣民族主義解析

即然「台灣民族主義」並未成型，為其麼有人視如寶劍？以為緊握台灣民族主義，縱使不能稱霸武林，也能打敗幾個來犯的對手，或謀取一些政治利益。早在民國七十三年，江迅、陳映真等人就在「前進」週刊討論台灣民族主義的弔詭。他們認為台灣民族主義牽涉到三種不同的意識型態：左翼台灣分離主義、國民黨和非國民黨民族主義。這個「虛擬的東西」實相如何？如同「解夢」，須要把各種象徵意義與現實環境連接起來，才能知道夢的真意如何！

壹、從台灣民族主義成因說起

一九九八年十月，在台灣大學的一場學術研討會，學者廖咸浩在「無邊之島：鄉土文學運動後台灣文化政治」一文中，認為二二八事件是台灣民族主義形成的遠因，「自由中國」查禁事件是近因。回顧「自由中國」組成份子，外省籍如雷震、夏濤聲、齊世英、楊毓滋、傅正等人，本省籍有郭雨新、李萬居、許世賢、高玉樹、郭國基、楊金虎、石賜勳等人。廖君認為雜誌遭查禁後，有部份外省人下獄，外省反對勢力從此被嚴格壓制；本省籍參與者發展出一條民粹路線——省籍，與民主訴求相配合運用，為台灣民族主義種下近因。

這個推論犯了「民族組成要素」不對之病，無須費心贅述（如前講所論）；其次又犯了用一個事件解釋一種理論，屬方法論上的錯誤，此外在象徵意義上也有誤用，從「自由中國」的宗旨「最後目標是全中國建立自由、民主的社會」，及經常在「自由中國」發表文章的人（雷震、殷海光等人）來觀察，「自由中國」是民主主義或自由主義者，而不是「台灣民族主義者」。

貳、台灣民族主義的實相是民粹主義的口號

當中國民族主義排山倒海而來，並形成一元化的意識形態。必然出現相對的另一個反作用力，試圖與中國民族主義相抗衡，這方面台灣民族主義有些戰果和有利地位。這就是「民粹主義」（Populism），它比官方的泛中華主義更有政治效果，因為民粹是很貼近民意的。台灣民族主義嚐到民意滋味後，試圖建立一個公式（理論）：愛台灣＝認

同台灣＝認同台灣獨立＝認同台灣民族主義。有些理性的人一看便知「等號」有問題，例如我愛夏威夷，但沒有後面認同的項目。

打著「台灣民族主義」旗號的人，用的其實是民粹主義。所謂的「台灣民族主義」只是一個口號，在這場政治運動中有「獨」向思考的人可用便用，用完就丟。

參、台灣民族主義的異化與現代化

台灣做為國際村的一員，並以國際化為努力目標，則受到現代及後現代主義的影響是屬必然。且影響層面是全面性的深度和廣度，包括政治、經濟、社會，乃至文化、藝術、心理等，而對台灣民族主義則產生整合效果，降低統獨及族群對立。反之，台灣民族主義對整個國際大環境（現代及後現代），也產生吸納效果，才有「大和解」的溫和路線。一九九六年民進黨的路線大辯論，就是企圖擺脫台灣民族主義的魔咒，用「民主」取代「族群」理念。

肆、台灣民族主義逃不出地緣的框架

地理是形成民族的要素之一，故地緣關係是台灣民族主義先天的規範與顧慮。一九九五年的台海危機，學界在討論一個問題：中共武嚇到底為「國家安全」或「民族主義」？二者都有合理的論據，顯示台灣之戰也民族主義，和也民族主義。用反面來問話，台灣對大陸可能造成威脅（如反攻大陸或內部起義）嗎？若有，是國家安全威脅大，或民族主義威脅大？

據研究顯示，台灣住民雖然大概能同情某種獨立於中國之外的政治形態，但以台灣民族主義的基礎，獨立於中國之外則尚未被多數台灣住民接受。不能接受的原因，除前面提到民族構成九大要素和中國社會性質外，就是安全的顧慮。必竟安全是人的基本需要，其他方面碰到安全顧慮都要讓步，民族主義也不能例外。

綜前解析，台灣民族主義的成因來路不明，因而人人想用，一個「虛擬的東西」，被政治人物硬生生搬弄利用，好像真有其事！解開了，只是讓讀者諸君看清這個虛擬實境。

第四講

當前台灣族群民族主義面面觀

族群民族主義（Ethnic Nationalism, Ethnonationalism），是政治學者康諾爾（Walker Connor）在一九七三年，及社會學者史密斯（Anthony D.Smith）在一九九〇年，分別開始使用的名詞。他們見於一般所用「民族主義」已普遍指涉對於國家的效忠，乃創用「族群民族主義」，強調族群團體與民族之間的關係。

「台灣民族」即然在結構和文化的不足，因而尚未成型，所謂「台灣民族主義」也止於口號。台灣內部各個族群的自我意識抬頭，或原來的文化背景不同（殖民文化等），仍殘留有台灣和中國以外之意識。但當前政治人物仍在大玩「台灣民族主義」遊戲，其本質較接近「族群民族主義」，讓我們揭開面紗看看。

壹、「台灣論」論戰：大和民族主義驗收成果？

小林善紀「台灣論」和「金美齡」事件，再一次證明「台灣民族主義」的虛構，真相是在台灣存在著各式各樣的民族主義。在一陣大混戰後，我們所看到的是「皇民化精神」對「中國化精神」、「大和民族」對「中華民族」、「殖民文化」對「中華文化」的對決。最後戰線還漫燒到「泛國民黨」對「泛民進黨」、「外來化」對「本土化」、統獨、反扁等，有些評論者認為這是日本大和民族主義者重回殖民地（台灣），進行殖民政權在台灣的「民族精神」教育總驗收。

此時此刻，「中華民族主義」或「台灣意識」在那裡？「台灣民族主義」在那裡？也只能是「各自表述」了。

局面何以至此？日本統治台灣是個事實，也是個揮不去的悲哀。「皇民化運動」雖未改變台灣「中國社會質性」的底層結構，但改變了部份的上層結構。日本人處心積慮使台灣人「去中國化」，使部份台灣人在「皇民奉公會」調教下，自認是「高等」台灣人，甚至是日本人，李登輝、許文龍、蔡焜燦、金美齡等就是代表性人物。他們信仰的是日本精神，正如金美齡說的「台灣現在還保留當年日本人所遺留的日本精神」。（聯合報九十年三月九日）他們透過「日本精神」來看慰安婦、殖民台灣、南京大屠殺、軍國主義等，當然可以合理化，進而美化，因為這些都是「大和民族主義」的光榮。

當「台灣意識」碰到「大和民族主義」，如此潰不成軍，「台灣人」在那裡？當李登輝是總統身份時，他碰到的是「兩國論」；當他是平民時確是「兩人論」（台灣人或日本人）。「台灣地位未定論」還真有些道理，希望這些都是個案。

貳、客家與原住民的族群籍屬

「族群籍屬」（Ethnicity）是一個族群團體的特徵與性質，是身為族群，或者歸屬於族群團體的狀態。族群籍屬的覺醒，與族群意識和民族主義均有密切關係。

在國內大家都有一個普遍的印象，就是客家族群是「勤儉、團結」，卻是一個「沈默」甚至「隱形」的族群。原住民的部落意識也已經消失，許多原住民多在都市叢林中流浪，所謂「台灣民族」或「台灣意識」都看不到影子。這就是客家與原住民的族群籍屬，此在「台灣論」論戰清楚示現，小林善紀在書中把「高砂義勇隊」說成「從軍報國」，說「霧社事件」是「謊言」。包含慰安婦事件，原住民都是直接受害者，客家也直接、間接遭殃，但整個論戰過程兩個族群的官方和民間，不僅沒有「參戰」也沒有任何反應。

「霧社事件」發生在一九三〇年，泰雅族千餘人部落慘遭滅族。「高砂義勇隊」則是慰安婦的男性版，一九四二年後的三年半內，日軍徵募四千原住民擔任軍屬，均戰死在南洋叢林中。小林扭曲歷史，李登輝、許文龍等人的「日本史觀」雖然令人痛心。但原住民和客家族群的沉默也該受批判，他們的「族群意識」在那裡？「台灣意識」又在那裡？套用　國父的語氣說話，這是「民族自信心不夠」。

老一輩的「日本皇民情結」，或許是歷史的宿命，他們在當時也是「無力可回天」。但是過了五十年還找不到「我是誰？」實在是悲哀啊！老的有問題，小的問題大，年青輩的「哈日瘋」好像又回到民國五〇年代「失落、無根」的一代。歷史一再的輪迴、重演、政治人物也一再想要建立「台灣意識」整體的圖騰，甚至凝聚出一個「台灣民族」的形像。

成效不彰的原因：「我是誰？」

第五講

台灣意識的出路——破除魔咒、掙脫框架

在前講「台灣論」戰中你會發現，台灣意識也處於「各自表述」。有國民黨的台灣意識、有民進黨的台灣意識，也有「李系人馬」及其他各方人馬的台灣意識，各家民族主義並存，彼此均相互對決，沒有交集。

為甚麼？台灣意識不斷被肢解再肢解，窄化又窄化，最後各家都各自陷入一個狹窄的框框裡，沒有了出路。如何找到台灣意識的出路，唯有破除魔咒，才能掙脫框來，看出願景。

壹、台灣意識正解

台灣意識是台灣社會的自然產物，即是「自然」就不必刻意用政治力量培育。但台灣意識也不是只顧自己不管別人死活，不顧同胞災難，不顧非洲飢民，只管自己吃飽喝

足。我很同意龍應台在「百年思索」中，「健康的還是病態的台灣意識」觀點，如果台灣意識的建立和深化，我們就得阻礙、扭曲一種自然而正常的對中國「人」的關愛，台灣意識便會從族群感情硬化成意識形態。健康的台灣意識要使我們更自信，因自信而更包容、開闊、寬厚。

如果台灣意識使我們更自閉、自大、自蠻、排外，只見自己小族群之利，而目不見他人受傷與痛苦，這就是病態的台灣意識。如此，我們亦永遠身陷框架，找不到出路。

貳、體認浪漫與理性、理想與現實的差距

地方性、少數民族主義之所以經常想要「出頭天」，主要歸因於長期存在的「浪漫主義」所幻像中的理想，而未體察紅塵世界裡現實生活的重點是甚麼？政治上的浪漫主義者大多是不食人間煙的，不知人間苦痛，心中只有一幅「王子與公主從此以後過著幸福美滿的日子」的完美圖像。投射到族群意識中，常對其族群產生一種浪漫、非理性的情懷，追求自治或獨立。

「台灣民族」或「台灣民族主義」也有若干浪漫色彩，強調本土文化、語言等，或宣稱「宣布台獨不致引起對台用武」、「獨立後得到國際社會承認便可解決安全問題」，都是單方面、一廂情願的浪漫、幻想。實際上牽涉到三個環境關係，其一是國際關係；

其二是內環境關係（如前講台灣社會的本質是中國社會的性質，包含整個歷史、文化、文學、人文等都是，要如何進行切割，結果如何？）；其三是中共（中國）的態度。

參、如何擴大台灣意識的格局

若「台灣意識」持續窄化，台灣民族就有排外（族群間亦相互排斥）自我封閉的危險，台灣民族主義將窄化成自我中心的「部落主義」。這其實是台灣近年在文化、社會中潛藏的問題，解決之道就是擴大台灣意識的格局，勇於吸納台灣以外地區的新文化素質，如源自大陸中原及其他地區文化。

縱觀古今中外歷史發展，以中國為例，壯大與繁榮都來自「開放政策」。大唐為何稱「盛世」？因對當時全世界開放，長安就是當時繁華燦爛的國際大都會，不斷放送政治與文化動力到四域，擴散到日本、南海、波斯和阿拉伯國家，又從這些地區吸納資源和知識到中央，國際貿易的發達自然發展出國際匯兌、折換、信用、票據的服務，波斯人已在長安經營「國際銀行」（波斯店）。反之，國家衰落沈淪，明末到滿清四百年的封閉、鎖國「戒急用忍」，終使中國從世界最繁榮壯大變成次殖民地。

大唐之盛，因其沒有狹窄的民族主義觀，許多各國族群住到長安，國家用人無種族歧見，胡人文化與中原文化相互交融。例如征西大將軍高仙芝是高麗人之後，中興大將李光弼是契丹人，安祿山和史思明都是突厥人，大詩人李白也是突厥後裔。

不怨其煩列舉史實，都在為台灣意識「解套」，若不能廣納各多元文化，揚棄「自我中心論」的狹隘地方主義，結局便是政治上的排外和文化上的萎縮。

肆、跳開民族主義的框架

地方的少數民族主義是一種符咒，大的民族主義也是。中華民族主義就是中國近代用「割地賠款」和無數鮮血所畫成的符咒，而且是神聖不可侵犯的符咒，不可質疑，不可挑戰。想用「台灣民族主義」對抗「中國民族主義」，只是小符對巨符，如雞蛋對石頭，沒有贏的機會。大家都知道中國民族主義是在國家多災多難中陶鑄成的神聖符咒，其目的是「保身保種」，我們何不也在此間「保身保家」，何必要硬碰硬？是故，兩岸不能激化民族主義，跳開或是淡化都是好辦法。

在第七詭中，我以台灣為主體，思索「台灣意識」的出路，尋找「我是誰？」是否揚起台灣民族主義的大旗。發現揚旗是不利的，免強把虛擬的台灣民族主義揚起，可能帶來更多衝突或戰爭，台灣民族主義的不能成立，原因如戴國煇先生的兩個標準。其一是馬克斯論的觀點，民族主義的成熟要靠資產階級來形成，台灣的資產階級並未成熟；其二是資本主義不成熟下，靠外來族群強大的對立面誘發，台灣這個對立面的誘發動力明顯不足。所幸，台灣社會日趨開放，價值開放，「民間社會」於焉成立，人們開始淡化民族主義，甚至揚棄用民族主義方式思考問題。此對凝聚內部族群意識，解決兩岸未來的問題依然是有利的。

第八詭 前進聯合國，走上國際舞台

從前面各詭一路下來，
統一、獨立、整合、民族主義等，
搬到正式國際舞台上，
立即轉型成「聯合國代表權」問題。

本詭檢討我們「前進聯合國、走上國際舞台」的問題，
包含在國際大戰略、準大戰略、直線與間接路線。
到底那一條才能通往聯合國？
走向國際舞台，
「條條大路通羅馬」在這裡要修正。

第二講

前進聯合國與國際社會——一路走來始終無依

在本書第一詭中，提到台灣民主國公告中外面臨的兩大困境，「無天可籲、無人可援」。所謂「無天可籲」是指國家成立的合法性基礎，「無人可援」是指國際關係的支持援助。近年朝野推動前進聯合國，不論是以「台灣」或「中華民國」為名義，問題其實和一百年前是相同性質。「一路走來始終無依」，我們還是用盡一切方法，但歸納起來只有兩種辦法：政治與經濟。

壹、從政治途徑前進聯合國與國際舞台

我國重返聯合國問題，早在民國七十七年由外交部秘密委託華府一家「凱普蘭律師事務所」（Kaplan Russin Vecchi），首度進行「聯合國及其相關國際組織接受中華民國為聯合國正式會員或觀察員可行性研究」．七十九年民進黨定位以「台灣」名義加入

聯合國，八十二年李登輝親自宣布「積極尋求參與聯合國」，

八十四年更趨積極，特請布希時代主管國際組織的助理國務卿伯頓（John Bolton），在聯合國以質疑中共一九七一年入會不合法的「法律代表性」為訴求，也在美國國會遊說。所有直接進入聯合國的方案，都被「聯合國二七五八決議案－台灣是中國的一部分」打了回票。

我國前進國際舞台始終是多重管道並行，除了與二十多個小國家維持正式邦交，也和一百多國家有非官方關係。元首外交是其間的重點，李登輝在七十八年首度到新加坡「度假」，八十三年到東南亞及中南美，八十四年到中東，是年六月到美國康乃爾大學。陳水扁總也循同一模式展開元首外交。

另一個管道是「非政府組織」、「聯合國次級機構」、「聯合國觀察員」，但每一管道都有難以突破的困境。我以為這是國際社會的常態，國際關係本來就是以「形勢」為基礎，所謂「形勢比人強」。現今海峽兩岸形勢孰強孰弱，太清楚不過，中共（中國）現在是「世界級大西瓜」，誰不往那邊靠．就像馬其頓這個國家，他們覺得台灣給的錢不夠（已給了兩億美金），而中共除了「利」外，在正式國際舞台可以給他們更多支持幫助，算是「利多」，就去和中共建交。我們除了跳腳尚能如何？

九十年五月陳水扁總統訪問中美洲五友邦之際，傳出這些友邦也正在評估，認為阿

扁的「金錢外交」可能無後繼之力，擬轉向中共建交。恐非空穴來風，未來若「預言」成真，我們也不要感到意外。

擔任美國企業研究所副所長、國務次卿被提名人波頓（John R.Bolton），在二〇〇一年二月的國會聽証會表示，台灣是一個國家（State），在外交上承認台灣，支持台灣加入聯合國，與「一個中國」政策不相違背。他也坦承在一九九四到九六年間，擔任台灣政府顧問，撰寫三份關於台灣加入聯合國的報告，獲三萬美元酬勞。

貳、從經濟途徑前進聯合國與國際舞台

國際關係是一種「充份的政治關係」，論甚麼「情理法」、「公理與正義」、「自由與民主」，台灣都仍是贏家，談到「政治關係」就成了輪家。政治之路走不通，就要用經濟力量為後盾，打開一條血路，我們與中南美、非洲國家維持邦交，都有一個不雅的名詞「金錢外交」。本來嘛！「天下最好處理的事就是用錢可以解決的事」。

如果「政治為主、經濟為輔」仍不能解決，就乾脆揚棄政治途徑，直接擺明用經濟方法「買」到手。例如當初馬其頓建交的「市價」是三億美金，這種做法的危險在於總會有人出更高的價，或馬國事後要求「漲價」，台灣不付錢，就另找買主。這樣搞下去，中南美洲友邦遲早另有更大的買主。

這個方法我們也用在前進聯合國，一九九五年間聯合國財政困難，我們認為這是機會，願捐助十億美元給聯合國以取得會籍。時任外交部長的錢復立即致函聯大秘書長蓋里及各國代表（中共及外蒙除外），表明此事。美國國務院發言人柏恩斯回應表示，捐助十億美元的建議十分進取而有創意，但美國承認中華人民共和國是中國唯一合法政府，台灣是中國的一部分，聯合國會籍只針對國家，美國和聯合國不承認台灣是一個國家，所以不可能進入聯合國。（一九九五年六月國內外各媒體）

前進聯合國及國際社會，我們「一路走來始終無依」，僅有的少數邦交國，極可能有的正在另謀他途。而台灣內部除經濟萎縮外，「李扁政體」若形成，可能造成「本土──非本土」的對立，族群衝突再起。要前進國際舞台更加艱困，以下各講試圖結開這盤「快死的棋」。

第二講　國際大戰略檢討

從一九九五到二〇〇一年的兩岸危機，肇始於李登輝的「康乃爾之行」和「兩國論」。這些事件在國際上的綜合評估，稱「事實上的正確」，但「戰略上的錯誤」，稱台灣是一個「戰略文盲」之島，這真是可怕極了，有如「狗急跳牆」般，沒有政策評估，沒有戰略指導，完全以一人之情緒好惡代表國家政策與方向。「政策錯誤比貪污更可怕」，更何況沒有政策？

即然我們被稱「戰略文盲」、「戰略上的錯誤」，那裡錯就從那裡檢討，本講首先從國際戰略（即大戰略）開始檢討。

壹、大戰略經營之要義

大戰略以國家利益、安全及目標為基礎，故大戰略通常受國家戰略指導，大戰略目標達成，國家目標亦同時達成。大戰略要義為各國遵循，從無例外。

第一、大戰略的基礎是信任，不論友邦或敵對國都不能缺少「相互信任」。邦交國間相互支援端賴信任程度，而敵對國間若行「嚇阻戰略」，亦不能缺少「嚇阻三要素」（力量、訊息傳達、信任），嚇阻才能完成，否則將是「盲動」，後果不堪設想。冷戰時代美蘇的嚇阻戰略「恐怖平衡」之成立，賴雙方互信才未肇巨禍。

第二、大戰略要預判未來國際情勢可能發展，尋找國家最有最有利的方向。選定對國家有利之各國，決定必須聯盟、建交或非官方關係者，並決定其優先順序全力赴之。選定國家安全之必須，那些國際組織、區域組織、雙邊關係應加入或建立，決定優先順序全力赴之。

第三、大戰略著眼於長遠之利，眼前雖暫時取得大利，但隨後遭來更大之害，尤其危害國家安全者，大戰略不為也。如李登輝的「康乃爾之行」，有眼前之利，是一種戰略錯誤，亦談不上有甚麼大戰略之利。

第四、大戰略的基本目標是和平，「低層次和平」是經由戰爭、嚇阻、兵力展示等手段所取得之和平。「中層次和平」是較持久的和平，經由條約、組織或相互信任取得之和平，這層有些理想性。「最高層次和平」是永久零戰爭，永久和平的世界，此即「大同世界」，這個目標最理想，也最遙不可及。

第五、大戰略的目的是安全，這也是人類最基本的需求。所謂「安全」，也有二部分，其一是國家安全利益（National Security Interest ），指的是國家生存權，包括主權獨立、領土完整、傳統生活方式、基本制度和價值觀等，獲得可以接受的完整性。當然「完整性」有程度之別，利益也有特定及永久的區分。其二是國家安全目標（National Security Objetives），目標有程度之分，此亦大戰略目標。

第六、大戰略工具，即「政治、軍事、經濟、心理」四大國家權力工具，此四者中心理工具指的是民族主義。目前地球村理念雖正在形成，但不同文化體系的相互排斥仍是區域衝突的焦點，民族主義是國際政治變動主要因素，也是國際安全的主控性政治動力，有高度的工具價值。

貳、我國大戰略經營的檢討

我國因非聯合國會員，邦交國少，國際關係不利，故大戰略經營困難重重應屬必然，但不能因此而不為大戰略經營，若然，更陷舉國於更危險之困境；反之，用心經營不僅維持基本生存，尚有可以發展之餘地。首先針對十餘年來，把大戰略經營問題檢討出來（中共部分下講再談）

第一、關於國際關係的信任基礎。從中美斷交「中美共同防禦條約」解除，台灣安全賴「台灣關係法」的民間關係定位，和無形的官方互信維持，此種互信基礎維持到李登輝接掌政權的初期，到中期開始動搖，「康乃爾之行」及「兩國論」一夕瓦解，因為「兩國論」未與美方事先協商、溝通或進行評估。美國官方稱李登輝為「麻煩製造者」，稱台灣政治發展是「寡頭政治」。陳水扁接任總統後，「核四事件」進一步引起國際上對中華民國的信用質疑。信任是與國之間維繫關係的基礎，信任基礎動搖，其他大戰略經營要用更多資源回填。

第二、關於邦交國的維繫，區域組織的參與，應降低「金錢誘因」的使用。例如「東協區域論壇」能否參與？邦交國能否雙重承認？這些和中共有關係。不是我們單方面問題，我們的「著力點」用錯地方，下面各講再深談這個問題。

第三、錯用大戰略工具。當後冷戰時代來臨，國際新秩序的架構急著要降低意識形態的濃度，降低族群圖騰的溫度。台灣卻反向操作，把台灣無限上綱「圖騰化」，端出台灣民族主義並加以激化。此即大戰略工具的錯用，未得其利，先獲其害－壓縮台灣的生存空間，離大戰略目標（和平）和目的（安全）愈來愈遠。並與此「國際新秩序」逆向行駛，台灣愈不安全了！

展望未來大戰略經營，「那裡跌倒從那裡爬起來」，在國際上重建互信基礎，國際關係與兩岸關係不能失衡，更不能失控。舊世紀「相互嚇阻」（Mutual Deterrence）

的和平與安全明顯不足，經由「國際法取得和平安全」也不適用。預防性的「相互確保」（Mutual Reassurance），在相互信任的基礎上取得和平與安全，這是二十一世紀合作安全體系的精髓。這就是大戰略經營之要義，新世紀的大戰略經營將比舊世紀重要，並且管用。

第三講

對中共準大戰略檢討

大戰略經營之對象，原以國際（國家、國際組織、成員及整個國際環境）為目標，兩岸原是「一個中國」，惟現階段有爭議。用「國家戰略」不適用，稱「大戰略」又陷於「兩國論」陷阱。故目前兩岸關係以稱「準大戰略」經營較妥當，大戰略原則、目標及目的等，可參酌運用，但須顧及兩岸特殊背景關係。

壹、我國對中共「準大戰略」經營指導

兩岸準大戰略指導與執行，在總統府設「國家統一委員會」，負責統一大政方針諮詢與研究，國家安全會議也提供重要訊息與研究，供總統參酌運用。在行政院各部會設「大陸委員會」，負責政策之規劃、審議、協調與執行。另設「海峽交流基金會」為民間團體，接受陸委會之委託，處理兩岸民間事務性問題。

兩岸關係如此運作模式，是依據民國八十年二月二十三日由國統會第三次會議，所通過的「國家統一綱領」。其目標「建立民主、自由、均富的中國」，處理兩岸關係原則是「理性、和平、對等、互惠」，分「近、中、遠程」三階段完成。

本綱領言簡意賅，跳出意識形態之外，不談黨派，不設統一時間表，做為指導「準大戰略」，頗俱戰略彈性。而「國統、陸委、海基」三會職責分明，做為指導與執行「準大戰略」事務，是不錯的組織模式，若能用心經營應有不錯的成績。

貳、執行準大戰略的檢討

準大戰略執行初期，以在「穩定中成長」，大陸於八十四年春節前提出「江八點」，我方以「李六條」回應，一來一往均無重大突破。此後就因李登輝訪美及「兩國論」，不僅雙方數十年賴以維繫的信任基礎遭受破壞，並把李的政治企圖定位在「一中一台」和「兩個中國」劃上等號。同時認為李的嘴巴說統一，實際上搞「獨台」，根本是個騙子，中共上了李的大當，信任從此瓦解。李登輝的信任基礎瓦解，也等於是台灣的信心危機（因他是總統）。

政權轉移後，陳水扁總統的「新中間路線」上路，九十年二月國統會通過國統綱領屆滿十周年。在野黨要求儘速召開國統會及回歸國統綱領的呼聲，民進黨大致上的態度是「不處理、不運作、不廢除」，及後來接續「統合是過程不是目標」，至今準大戰略信任基礎尚未復原。

從大戰略應著眼於長遠利益，眼前雖暫時有利，但獲利後可能遭來更大之害，尤其危害國家安全者，大戰略不為也。準大戰略亦然，因台灣常取近利，故使大戰略目標（和平）、大戰略目的（安全）及國家目標等均處於模糊不清狀態。

檢討近十餘年來，我國準大戰略之運用一言以蔽之，曰「僵化」。殊不知戰略俱有高度的「彈性、詭變性、工具性、間接性」，套用中共的術語叫「兩手策略」，軟硬兼用。兵學鼻祖孫子稱此種戰略叫「以迂為直」，西方兵學家李德哈達（Basil Henry LiddelHart）稱「間接路線」（Indirect Approach）。我以實務舉例說明，我國不論進聯合國或經營邦交國，都只用「一手戰略——硬闖」，而不知還有另一手配套戰略「軟用——向中共示好」。所以往往事情辦不好，路也愈走愈窄。

戰略只是一種工具或方法，人人可用，中共愛用，唯獨我方不敢用，為何？原來在兩蔣時代以為用「兩手戰略」是不道德、非君子所為，真是僵化之極。到了民進黨執政又受限於新的「框架」統獨，凡向中共示好者一律給他一頂「賣台」或「台奸」的大帽子。準大戰略經營當然陷入困境，改善之道就是一手經營國際關係，一手做好兩岸關係，才是準大戰略之道。

參、以準大戰略眼光經營未來兩岸關係

兩岸關係須以準大戰略眼光經營，原因有三•第一是我們「以小事大」，不能以力拼，更不能用「撩落去」的心態去硬幹。第二是中共（中國）現在不僅是法律上的政治體，也是「文化體」，擺在眼前的事實不可否認。第三是兩岸歷史、文化、地緣與族群關係，目前雖有「小異」，卻仍在「大同」範圍內，連民進黨內多人（如主席謝長廷）也覺得「好像一國」不能割捨。按此三點，準大戰略經營有三個層次。

政治層面持續國統綱領進程，簽訂「和平協定」（江八點和李六條有此共識），透過兩岸協商持續務實外交，儘快恢復協商管道。在經貿層面要開放三通，全面解除「戒急用忍」政策。在文化及民間交流層面，應擴大深化，爭取大陸民心，這才是大戰略目標（和平、安全）最大保障。

第四講

兩點間最近的距離不是直線
——談間接路線

在前講談到我們舉國上下努力，「撩落去」硬闖聯合國，卻「一路走來始終無依」。在全世界的邦交國愈來愈少，原來有邦交的大國全都斷了，中美洲的小邦交國似乎也在動搖。局面愈來對我愈不利，原因在大戰略和準大戰略經營的錯誤，檢討了問題後，接著出現下一個「命題」，正確的路線是甚麼？「間接路線」也，是「直接路線」的相對運用。本講先從理論上談談甚麼是「間接路線」？

壹、李德哈達「戰略：間接路線」

李德哈達（Basil Henry Liddel Hart，1895-1970），是英國人，世界級的戰略經師，他的傳世寶典「戰略論」（Strategy）。一九四一年第一版的書名是「間接路線的戰略」，一九四五年再版改為「戰略：間接路線」。以後研究戰略者，都知道戰略就是一種「間接路線」，書名就簡化成「戰略論」。

李德哈達研究過歷史上二百八十次以上的個別戰役。發現只有六次戰役（依蘇斯、高格米拉、弗里德蘭、華格南、沙多瓦及色當會戰）是經由直接戰略路線的計畫，而獲得決定性戰果的。在這樣的經驗歸納上，發現直接路線獲致成功的例証是如此稀少，間接路線獲勝的例証這樣多，而且間接性的戰略成功公算最大，又最經濟。他經由二百八十個戰役的研究，提出間接路線的八個公理（Axioms），他稱「戰略公理」。（一）調整目的以適應手段。（二）心中經常保持目標而計畫則應適應環境。（三）選擇期待最低的路線。（四）利用抵抗最小的路線。（五）採取能同時達到幾個目標的作戰線。（六）計畫與部署均應有彈性而能適應環境。（七）對方有備時慎勿攻擊。（八）失敗後勿用同一路線（或同一形式）再發動攻擊。

大戰略觀念由來已久，但國家層級以上的大戰略研究，李可能是開風氣之先的第一人，且用他一生的智慧、研究與經驗，証明間接路線的優越性。經過更深的反省後，李又發現間接路線可以更廣泛的運用，在生活領域之內，都可以加以運用。

反之，走直接路線，對一個新觀念或新作為採直接攻擊，結果必然會挑起頑強的抵抗，使局面反而難於改善。李也對直接路線加以研究，發現採直接攻擊戰略者，有兩個原因：其一是缺乏耐性者；其二是自認為有極大優越性者。但常適得其反，不論政治或軍事領域上，直接路線的成功公算都是非常稀少的。

西方戰略研究名家中，倡導間接路線戰略者不乏他人，如法國薄富爾（Andre Beaufe）也是。間接路線公認是最佳的戰略運用，在西方世界中負責戰略規劃和執行者中，早已成為一個「常識」。

貳、我國戰略經師的間接路線

我國歷代戰略思想家中，提出間接路線的戰略指導，有完整精到的理論體系者，首推孫子在「十三篇」所述：

> 是故百戰百勝，非善之善者也；不戰而屈人之兵，善之善者也。故上兵伐謀，其次伐交，其次伐兵，其下攻城……故善用兵者，屈人之兵，而非戰也；拔人之城，而非攻也；毀人之國，而非久也。必以全爭于天下，故兵不頓，利可全，此謀攻之法也。（謀攻篇第三）
>
> 軍爭之難者，以迂爲直，以患爲利。故迂其途，而誘以利，後人發，先人至，此知迂直之計者也。故軍爭爲利，軍爭爲危。（軍爭篇第七）

孫子的「以迂為直」就是間接路線，表面上看似走了遠路，實際上「後人發，先人至」，成功公算自然就大。最完美的戰略境界就是孫子所說的「不戰而屈人之兵」，其次是用最少的戰鬥和流血，就能產生決定性的戰果（勝利、和平），最下策是用軍事力量，澈底殲滅敵人的有生力量（武裝部隊及人員）。因此，孫子認為間接路線的運用，在創造有利的戰略形勢，使敵人心理失去平衡，達到「不戰或非戰」的目標，不是尋求流血的、軍事的會戰。故稱「謀攻」、「以迂為直」，走間接路線，不要直攻、強攻、硬拼。

綜合中外戰略名家論間接路線的要義，是以智以謀，替代暴力的無限使用。特別是在衝突對抗形成之前，創造有利己方的大環境，使敵方戰略形勢失去平衡，再影響到心理上失去平衡，達到不戰而屈人之兵，達成我方目標。

現代冷戰對峙及國共鬥爭期間，毛澤東和武元甲都因善用「間接路線」而取勝。先總統蔣公在大陸失敗後，痛定思痛，終於找到「病因」，他提出新的戰略指導：「三分直接路線、七分間接路線」。

離開平面幾何後，兩點間最近的距離都不是直線。

第五講

通往國際的近路——「條條大道經北京」

針對我國要進入聯合國，要與各重要國家建交，我在前面檢討過大戰略及準大戰略關係，並提出古今中外認最佳的「間接路線」．現在運用到實際的場域中，就是我國通往聯合國並與各國建立正式邦交的近路——「條條大道經北京」。

我並非是有這種觀點的第一人，在我之前更多有來頭的人都這樣主張．只是似乎在李登輝時代的「明統暗獨」，刻意不去改善兩岸關係，到陳水扁亦顯困難，但亦改變不了整個國際大環境「條條大道經北京」的局面。

壹、聯合國方面的意見：兩岸對話解決

自聯合國成立以來，對國際紛爭處理保持三大原則，國內事務不干涉原則（Principle Of Noninterference）、自決原則（Self-determination）及人道原則

（Humanitarianintervention），但對近年中共在台海地區的軍事演習所造成的區域安全問題，聯合國未表示過任何意見，更無維持和平的任何措施，說來聯合國真是讓國人失望。

一九九五年聯合國在舊金山舉行五十週年慶會活動時，秘書長蓋里被問到，在台灣的中華民國原係聯合國的創始會員國之一，有無可能再重返聯合國？蓋里重申一貫的立場，台灣為中國的一部分，聯合國已有決議——由中華人民共和國取代台灣在聯合國的席位，台灣要參加聯合國是不可能的。解決「台灣進入聯合國」問題最佳的途徑，便是透過海峽兩岸直接的對話談判：只有雙方直接的對話，才能徹底解決此一問題。

多年來聯合國立場都是如此，我國透過友邦提案討論均無結果。對蓋里的說法，我政府也一貫不表認同，認為這是要會員國投票決定，而不是蓋里說了算數。

貳、美國官方意見：台灣參與但不加入

美國官方意見始終是「承認一個中國原則」，一九九七年四月美國駐北京大使尚慕杰就認為，美國的前途將愈來愈取決於亞太地區情勢的發展，而亞太地區情勢的發展又繫於美國與中共的關係，故與中共接觸是最上策。美國的中國問題專家包大可（Doak Barnett）就表示，台北要加入聯合國終究需要北京接受才行，未來也看不出有此可

能。包大可的看法雖然悲觀，卻務實。

小布希政府上台，好像對台灣比較照顧。國務卿鮑爾（Colin L. Powell）在眾議院聽証會上表明，美國「承認一個中國原則」，不會容忍改變台灣地位的事，對於「適當的國際組織」，「台灣參與但不加入」；對於以國家為會員身分的國際組織，資格應保留給中華人民共和國。

好一個「台灣參與但不加入」，「資格應保留給中華人民共和國」，這是美國官方至今最高明的文字遊戲，也正好說明國際環境的現實。

參、布魯金斯研究院：條條大道經北京

著名的美國智庫布魯金斯研究院，於二〇〇一年三月發表「東北亞報告」，其前言標題就是「中國：條條大道經北京」（China: All Roads Go Through Beijing）。報告中說，美國新政府上台，強調中國的重要性也好，漠視也好，事實很明顯：「中國的未來深深影響東亞經濟、安全、外交與政治情勢。」報告也認為，中共改革開放後，政治改革將難以避免。美國的角色也轉變中，以往從政治出發，現在則著重於「中國市場與日俱增的經濟利益」。

綜合來說，「東北亞報告」預見中國的影響力與日俱增，「條條大道經北京」勢成

定局。接著是大陸經濟持續繁榮，中共統治手段較前寬鬆，從北京觀點看，解決台灣問題的時間「快了」。另一方面，台灣民主化及獨派勢力日漸高漲，更使北京產生很大的急迫感，使兩岸有更多不可測因素。

經由各家（聯合國、美國官方、智庫）分析，台灣想要進入聯合國，想與全世界各國建立正式外交關係，「條條大道經北京」恐是唯一且最近的路。回顧歷史，我們常用東西德的統一過程當做可以學習的模式，但是西德從一九六九年新東進政策形成，到一九九〇年十月完成統一，他們「條條大道經東德與莫斯科」的務實精神—間接路線的運用，我們的決策階層至今根本還沒弄懂呢！

本詭我針對前進聯合國與各國建交一事，與諸位讀者討論最近的路——間接路線。這條近路不僅在戰略理論與實務都經得起檢驗，在兩岸特殊環境及自古以來國際環境的本質，都告訴台灣的領導階層、朝野、全民，間接路線是我們唯一可以選擇的路——「條條大道經北京」。

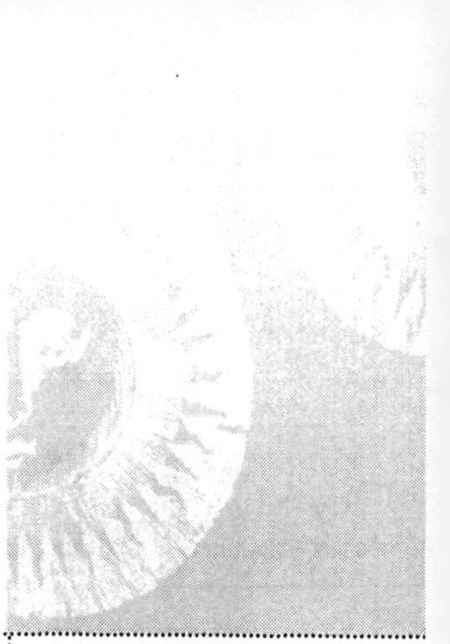

第九詭

戰爭與和平：假如解放軍真的來了？

這麼多年來，台灣朝野，乃至一般小老百姓，
都常有一個夢魘——
「假如大野狼真的來了！」——中共是否可能以武力犯台？
隨著兩岸統獨意識的起落，民族主義等意識形態的糾纏，
國內外就引起一陣「中共武力犯台」熱潮，
我們老百姓就一陣慌亂．
不知是「走為上策」，還是「與國家共存亡」？
我們活在戰爭與和平的夾纏中，
本詭談這些相關問題，並尋求解套之道。

第一講

中共是否可能以武力犯台？

就古今中外的歷史經驗觀察，這是可能的，而且「極可能」。只是事件發生通常涉及許多相關因素、時機、能力及效果（戰爭目的達成率或成功公算等）

為甚麼我說「極可能」？因為這是牽扯到統獨、民族主義等，直接與國家安全（分裂）有關。人類歷史上碰到此類情況，窮政治方法尚不能解決，只有一途——戰爭，很少有例外的。「中共是否可能以武力犯台？」使這個命題成為事實者，就在「相關因素」和「時機」有關鍵性的配合，其次才是能力和效果。

壹、中共武力犯相關因素

這些相關因素包括國防戰略部署、工具（武器裝備）準備、兩岸戰力比、決策階層的迫切感和民意等。

國防戰略部署方面，主要因應太平洋時代的來臨，中國須從「大陸主義」轉向「由陸向洋」的戰略部署，置重點於「四海」（勃海、黃海、東海、南海），未來並將戰略國境由「第一島鏈」推到「第二島鏈」。在這個總體國力發展過程中，台灣只許是中國向洋擴展的戰略基地，不允許成為西方強權或美日圍堵中國的「航空母艦」。所以「台灣問題」必須儘快解決，不能成為戰略部署的障礙。

想在台海打一場「看得過去」的近海戰爭，我認為中共在工具準備上已足以應付。海軍「現代級」驅逐艦、潛艦，空軍戰機、第二砲兵、指管通情與電子戰等，都有很好的現代化程度，只欠二〇一〇年的航母建軍。

中共在準備工具，我們當然也在磨刀。戰爭的發生通常也在雙方戰力過於懸殊（如伊拉克和科威特），民國八十三到八十四這兩年曾因「二代兵力」尚未部署，是兩岸戰力懸殊危險的兩年。預計台灣在二〇〇五年前尚能維持「局部空優」，之後又不行了。若兩岸陷於武器競爭，台灣大概會發生「蘇聯效應」（被軍備競賽拖垮）。

至於「決策階層的急迫感」，目前已經示現，江澤民希望在任內解決台灣問題，軍方右派勢力高漲。所幸，廣大的中國民意並不樂見以武力解決台灣問題。但若台灣宣布獨立，民意支持武力解決就會升高，此又涉及民族主義問題了。何況，大陸的民意是可以「被動員」出來的。

貳、中共武力犯台的時機選擇

八十四年我出版「決戰閏八月：後鄧時代中共武力犯台研究」（金台灣版）一書時，以當時環境例舉十五項中共武力犯台時機：台灣宣布獨立，台灣內部發生大規模動亂、國軍相對戰力明顯趨弱、長期拒談統一問題、我方發展核武、國際情勢有利中共、中共和美國合作關係密切、中共其他邊界領土解決完畢、中共完成作戰準備、外國勢力干預台灣問題、台獨勢力高漲、加入聯合國及國際組織有成、台灣進行總統民選、中共內部發生大動亂，及最末天氣能配合發動台海戰爭。

這十五項中，後來証明「總統民選不等同台獨」，最末的天氣是所有戰爭必須考慮配合的因素，其他十三項都是「結構性因素」，不會有太大改變。但可能在某種特殊環境下凸顯某一單項的重要性，例如小布希政府考量售台神盾艦，中共視為美台軍事同盟，副總理錢其琛表示不排除發動攻擊。江澤民更強硬聲明，若美國利用對台軍售壓迫大陸，阻礙兩岸統一，只有被迫投入衛國戰爭。

在各項武力犯台時機中，應以台灣宣布獨立（各種形式），外國勢力干預及台獨勢力高漲最可能的時機。但若國軍建軍備戰不力，在二〇〇五年後出現戰力對比明顯趨弱，則也可能造成中共武力進犯的最佳時機。

參、中共武力犯台能力及所欲效果

國內外有許多人看這個問題時，都仍陷入「有」和「無」兩種能力之區分，這是因為不了解東方國家（特別是中、日、韓）的文化特質使然。對於戰爭「能力」的評估，西方受科學萬能的影響，認為能力是「實証」的，所以只須看武器裝備就知道能力如何？東方觀點則不然，講究「奇正虛實」，透過「借力使力」便能「四兩撥千斤」，西方學者的純科學觀點看是不通的。

中國式「能力」界定，有一些是哲學、藝術或謀略上的層次，如孫子兵法上說，「兵者、詭道也。故能而示之不能，用而示之不用，近而示之遠、遠而示之近。」，以中共建軍水準，不論從西方科學或東方非科學觀點，我認為早已俱備武力犯台能力。關鍵在現有能力內，欲達成何種效果？是否讓人滿意的效果。

中共是否以武力犯台？促其成真只是三個變項的配合：相關因素、時機、效果。而在這整個過程中，對於「力」的運用，都超過了軍事武力的範圍。例如中共近年積極研發「超限戰」、「點穴戰」、「不對稱戰」，就是弱勢者對「力」的發揮及致勝之道（中國對美國在戰力對比上是相對的弱）。

第三講

台海防衛作戰評估

講完「中共武力犯台」，引出另一面命題「台海防衛」，此二者實為一體兩面「互為因果」，但絕大多數時候是有前者才有後者。

假如解放軍真的來了！假如這一仗真的非打不可！台灣是否擋得住？國軍部隊能撐幾天？老美會不會來幫忙打仗？這些是人民所最關心。評估台海防衛作戰也有相關因素、軍事力量及民心士氣等三方面。

壹、影響台海防衛作戰成敗的七大因素

八十四年底我出版「防衛大台灣：台海安全與三軍戰略大佈局」時，對這七大因素有詳盡研究，這也是決定台海防衛成敗七個「先天性」的結構問題。只要台灣防衛作戰存在，千百年後依然有這七個因素決定成敗。

第一、海峽屏障是有利的防衛因素，但台灣南北有數十條河川切割，高山把台灣分成東西兩部，使運輸及兵力轉用困難。作戰正面廣，縱深淺，難守易攻，外島（金、馬、澎）戰略價值高，外島失陷，則台灣亦不保。

第二、台海防衛作戰特質：預警短、縱深淺、決戰快、外援難、守勢作戰、以小博大。這六個特質是六個困境，都要突破：用科技解決預警短，用戰術突破縱深淺，戰略扭轉決戰快，大戰略爭取外援，機動作戰擺平守勢困境，以小博大要智慧。困境並非死路，只看如何用方法。

第三、建軍備戰的基礎，就是建立戰力。從戰略層面看有大戰略、國家戰略、軍事戰略及野戰戰略等四方面建構；就內容上有政治、經濟、軍事及心理等四力經營，但狹義的僅指要建立多少武裝部隊，我們現有國軍四十萬。

第四、總動員程度，要打仗了、有「綠卡」的有保障，其他的「日頭炎炎，隨人顧生命」，逃的逃，跑的跑。「以色列精神」我們可能欠缺，這方面我比較擔心。

第五、後勤補給能力，我們有多少總資源可以支持戰爭？據評估在沒有外援情況下，台灣打到最後「一兵一卒」，到「彈盡糧絕」，支持極限是八個月。

第六、大戰略經營爭取國際助力，特別是聯合國及各國的人道援助，美日的軍事介入。若無國際助力，防衛變「死守」，國軍變「孤軍」，結果就真的「彈盡糧絕」。

第七、國家認同仍是致命傷。要打仗了，還在爭吵「為誰而戰」——中國、中華民國、台灣共和國、中華人民共和國？李扁與泛藍軍，本土與非本土，正準備對決，防衛作戰如何打？想必是自己把自己打敗了！

貳、現有軍事武力能否擋住解放軍攻勢

現有國軍總兵力四十萬，空軍以經國號、F-16、幻象為主力兵器；海軍有諾克斯、拉法葉、派里級軍艦，亦有潛艦、反封鎖及兩棲等部隊；陸軍為我三軍最強大者，又有了「愛國者」，「精實案」已告一階段。國軍二代兵力整建已算完成，應該能擋得住解放軍吧！事情也不那麼單純，因為戰爭也不是算術。否則北越當年也不可能用弓箭和土製炸彈，打敗五十萬現代化的美國軍隊。

我舉例詮釋，大家都看過武俠片，通常武功差的人，身上須要帶著各種兵器，甚至寶劍或暗器等。武功很高的人大多兩袖清風，不帶任何兵器，任何時候拾起一片樹葉就是致命武器，並用智慧化解困境。當然，武功高強的俠者又有武林至寶在手，就更能維護武林正義（和平）了。

國軍部隊能否擋住解放軍？除了要有好兵器，本身的教育訓練素質，國人的民心士氣支持，都是直接、有效的防衛戰力。

參、民心士氣支持防衛作戰的決心

民心士氣是一個國家總體的無形戰力，大國之間戰爭靠民心士氣支持，小國或弱國的「以小博大、以弱擊強」，民心士氣更能產生決定性作用。我前面剛說過對民心士氣比較擔心，可能是我們對「國」的疑惑較多，八十四年「決戰閏八月」前後，出現「第二波移民潮」。近年每當國內政局不穩，海峽不安時，不僅房產股票大跌，「避禍人口」也顯著增加，都表示我們的民心士氣是極易動搖的。

民心士氣動搖，軍隊就不能打仗；民心士氣潰散，兵敗亦如山倒，大陸淪陷是一個實証；反之，民心士氣堅定團結，軍隊便能以寡擊眾，以弱擊強，以色列和北越是另一個實証。

若解放軍來了，防衛作戰有多少勝算？一九九八年七月，美國國防大學高級研究員白邦瑞（Michael Pillsbury）講明，即使美國支持台灣，美日安保條約包括台灣，都不能達到充分防衛台灣的目的，因為美軍分散全球，而戰爭爆發都是突然的，如伊拉克入侵科威特，「遠水救不了近火」。

防衛作戰特質是時間短，速戰速決，即然「遠水救不了近火」，美國也不可能為台灣打仗，那麼台灣防衛的「存活時間」是八個月。

第三講

從「境內決戰」到「境外決戰」

若台海不能免於一戰，中共終須以武力犯台解決統一問題，台澎金馬軍民也終須奮起防衛，接續便引出另一個命題——「境內決戰」或「境外決戰」。我國防衛作戰的本質是守勢作戰，考量國力、戰力、戰史經驗等，數十年來國軍防衛構想是「三階段兩決戰點的境內決戰」。現在民進黨執政後，陳水扁總統提「境外決戰」議題，是否可行？都深值研究。

壹、關於「境內」與「境外」決戰基本原理

古今中外的戰略家都從「國家安全」的角度看戰爭問題，最安全當然是「不戰而屈人之兵」，若非戰不可，也要決戰於千里之外——「境外決戰」——可以到你家打仗，但絕不可在我家打仗。所以，理論上只有「境外決戰」，不該有「境內決戰」。中國之孫

子、孔明，西方之李德哈達、克勞塞維茲等戰略名家，都闡揚「境外決戰」之理論與必需，並儘可能避免「境內決戰」發生。

唯理想與現實差距很大，古今中外列國爭戰，小國或弱國常被迫「境內決戰」，力弱之一方亦無力進行境外作戰，而使敵人在國境之內蹂躪。還有更慘的，本國並未參戰，他國卻在國內打仗，例如日俄戰爭卻以中國為戰場。故所謂「境內」或「境外」決戰，完全決定在國力之強弱。

貳、台海防衛作戰：三階段兩決戰點

兩岸戰力就「總戰力」比，台灣屬於接近「絕對弱勢」的一方，就戰爭理論及戰史經驗來看，並無「境外決戰」的條件，故在國防戰略上被迫設計成「境內決戰」，實有不得已的主客觀環境。目前國軍的防衛作戰構想，若敵軍自彼岸發動，不能殲敵於海上時，接著向來犯之敵安排「三階段兩決戰點」。

第一階段「泊地攻擊」是陸軍反登陸作戰的開始，所謂「泊地」，是指敵軍距我海岸約六到二十公里的海面上。此時來犯之敵作戰力極低，國軍用於殲敵泊地的主要兵器是中長程自走砲、岸對海飛彈、攻擊直昇機、多管火箭砲。

第二階段「灘岸決戰」，是敵我兩軍第一個決戰點。所謂「灘岸」是海灘附近到距岸約五公里的水面，按國軍反登陸作戰指導，在灘岸必須將敵全數殲滅。故灘岸是國軍火力、兵力部署的重點。

第三階段「內陸決戰」，是敵我最後決戰點，國軍最後的決戰兵器是戰車七百輛。

以上是傳統反登陸作戰模式，近十餘年來有兩次大型戰爭（波灣戰爭、北約對南斯拉夫），成為第三波戰爭新模式，用空軍及飛彈的「遠戰」便能一舉殲敵。第三波戰爭的觀念給中共很大啟發，未來台海大戰爆發，解放軍應有「決戰千里之外」的能力了。

參、英、美及以色列的「境外決戰」指導

境外決戰的基本構想是把來犯之敵全數殲滅於國境之外，這與國家目標、國防政策、國力、生存戰志等有關係。以英、美及以色列為例說明。

美國為維護其傳統國家利益，建立國際安全制度，擔任國際警察角色，確保其強權地位，把武裝部隊投射到全球各地，就是要保証對可能的危害在美國之外就妥善解決。使「珍珠港事件」未來不會重演。但在二十一世紀的第一年，就發生現代版珍珠港事件「九一一」危機，重創美國。表示未來戰爭必已打破境內、境外的區分，美國也須檢討國際戰略。

英國數百年來，都把國防安全的第一線放在歐陸。因此，英國要在歐陸扮演強固的

領導地位，使潛在的敵對強權無法聯合起來與其抗衡，主要目的是阻敵於英吉利海峽之外，至今仍是有效的安全準則。

以色列因其特殊國情，境外殲敵為勢在必行，是國家生存所必須。歷次戰爭都在敵人尚未發動，便受到以國空軍重擊，才能確保其國家生存。

肆、陳水扁總統「境外決戰」議題探究

新人新政，對防衛作戰也有新的看法，姑且不論內外原因為何？陳總統提出「境外決戰」看法。國防部也積極配合，未來軍售項目如「神盾級」和「紀德級」導彈驅逐艦、攻擊性潛艦、「阿帕契」攻擊直昇機等，都是境外決戰利器。

但「境外決戰」須要總體國力、國民戰鬥意志、效果（後果）評估等配合，對追求和平是否有幫助，都尚待進一步研究。必竟目前止於「議題」，政策、計畫、構想都還沒有呢！

話轉回源頭，古今中外都希望不要到我家打仗，戰火最好僅在「境外」漫燒，不要燒到「境內」（台灣本島）。那麼，我們的「境外」又在那裡？

第四講

愛國者、TMD到核武

歷年來全世界的武器進口記錄，小小一個台灣經常都是世界最大「武器進口大國」。台灣防衛須要多少武器？那些武器？「愛國者」才剛部署完成不久，現在又不行了，向美國提出的軍售清單（新政府打境外決戰用）多的驚人。TMD台灣買得起嗎？真的TMD就表示「台灣安全」保單嗎？還有，台灣須要核武嗎？中共老早擺明台灣研發核武是導至武力進犯的原因。台灣似未中斷核武研究！本講與你談談這些問題。

壹、TMD、NMD與各國反應

TMD（戰區飛彈防禦系統）用於海外地區，NMD（全國飛彈防禦系統）用於美國的本土防衛，都屬雷根總統時代「星戰計畫」的縮小版。小布希上台決心積極部署TMD和NMD，同時廢除一九七二年的美俄「反彈道飛彈」（ABM）條約。名義上是防「流氓」國家，實際上大家心知肚明，是用來對付中共和俄羅斯，以維持美國的霸權地位。特別是要把日、韓、台灣都納入ＴＭＤ，等於擺明圍殺中國，台美關係升級成「軍事同盟」也是中共不能容忍。

小布希此舉引起各國不論敵友全面恐慌，以中共和俄羅斯反應最激烈，中共揚言擴大研製核武報復，俄羅斯擬送飛彈到古巴。中、俄和中亞國家已組成「上海合作組織」，有東方北約」之稱。中共反對把台灣納入ＴＭＤ的理由，包括損害中國主權，干涉中國內政，台灣可能利用ＴＭＤ技術研發攻擊性武器，最後導至台灣宣布獨立。當然，中共也反對日本部署ＴＭＤ，因為也可以用來防衛台灣，挑起北京-日本-台灣之間的軍備競賽。

貳、愛國者、TMD，台灣還要甚麼？

有了愛國者飛彈，現在台灣還要更多，ＴＭＤ正在評估中，不過美國眾議院早通過把台灣納入。新政府為「境外決戰」須要，二○○一年三月向美國所提出希望購買的武器系統清單重要者有：

神盾驅逐艦四艘，在未交貨前先提供四艘紀德艦應急；P-3反潛飛機、高度反

輻射飛彈（HARM）、AIM-120空對空飛彈、飛機辯別系統、潛艦、遠程火砲、阿帕契攻擊直昇機、戰車、長程雷達。

分享美國飛彈預警資料、能整合三軍聯合作戰的指管通勤系統。（聯合報九十年三月十三日）

我以為台灣當然須要防衛力量，但不須要會遭惹「殺機」的「終極兵器」或攻勢兵器。那些「致命武器」通常是「武林盟主」資格才用，台灣在國際上是「武林盟主」嗎？再者，台灣若參與TMD，美國要求三佰億美金（約一兆台幣以上）分擔費，台灣不必中共來打自己就把自己拖垮——蘇聯是這樣垮的。

參、台灣還在研發核武嗎？

從七十六年我國核能研究所副所長張憲義上校，攜帶我國核武發展機密計畫叛逃美國，使美國國務院有証據可以嚴重警告台灣中止核武發展。之後，有關台灣研發核武暫告沉寂。一九九五年七月廿八日，台灣正在舉行立法委員和總統大選，中共升高緊張情勢，李登輝也不干示弱說「台灣一直致力發展核武」。三天後，李又改口說「絕不發展核武」，這難不成是「核武模糊」政策。

台灣核武研發潛力，在國際上早與以色列、北韓並列、一九九八年八月倫敦國際戰略研究所研究部主任西格爾（Gerald Segal），專程來台針對此一問題進行研究，他指稱台灣具備核武技術及原料，並刻意保持模糊策略，可以有維持台海均衡效果。

日本的軍事評論家田岡俊次有一種很弔詭的說法，中共是防止核武擴散條約（NPT）的一員，而「台灣是中國的一部分」，所以中共可以製造核武，台灣也可以；但若「台灣不是中國的一部分」，是一個主權國家，因未加盟NPT，研製核武並未受到限制，台灣也可以製造核武。這話說的「合理合法」，田岡俊次最後補充說，理論上台灣可以製造核武，但現實上等於「自殺行為」。

我認為從國家安全觀點看，連「有能力但不開發」的模糊政策也不能採取，應明白宣布放棄「製造、研發」以爭取國際支持，對海峽和平安全反而有利。

台灣要愛國者，要TMD，甚至在口頭上打打「核子牌」，目的都是防制戰爭。但台獨卻遭來立即戰爭，這之間的矛盾和中共「經右政左」的矛盾有何不同？有那些決策者或搞台獨的人想過這些問題？

第五講

台海地區和平方案

思考戰爭與和平只有兩個途徑，一個是「戰爭途徑」，另外是「和平途徑」，照理說「和平途徑」應優先於「戰爭途徑」——儘管戰爭之目的也是和平。不知為甚麼？國內獨派及中間機會主義者，是從「戰爭途徑」思考和平的可能性，殊不知源頭走錯，就是遠離和平，一步步走向戰爭。

從「和平途徑」來思考，才提得出可行的「台海地區和平方案」，這個和平方案有四個層次。

壹、國際和平：化解陸權與海權對抗

我在前面講大戰略、地緣戰略及美國霸權擴張時，提到過美國堅定的控制西太平洋的「鏈島防禦」（韓、日、台、菲之線），使太平洋成為美國人的「前院花園游泳池」，美國人獨佔太平洋一切利益。而圖謀把中、俄永久「封死」在亞洲內陸草原上放牛、養羊。

首當其衝的中國會干心嗎？「海洋是二十一世紀中國人的生命線」，中國人勢必要衝破「鍵島」封鎖，衝向太平洋，經太平洋航向全世界。

美國人（西方強權）欲固守鍵島，確保世界海權，圍堵陸權國家；中國人欲衝破鍵島封鎖，爭取海權，才能突穿圍堵。這是世界地緣戰略所形成的海權——陸權對抗。長此下去，爭戰永無寧日，美國人想獨佔太平洋，而讓台海地區付出「永無寧日」的犧牲，是非常自私的作法。是否可以不從「對抗」思考，而從「交流」思考，讓陸權和海權在太平洋交流，讓太平洋成為中、美及附近國家共同的「游泳池」？為什麼會有階級鬥爭？為什麼基督教和回教有千年解不開的結？為什麼西方資本主義文明和伊斯蘭文明不能相容？因為都從「對立」思考問題，長期處於對立狀態，必然發生超越想像的災難（如美國九一一危機）。西太平洋的鍵島之線也一樣，不能永久對立下去，可以和平交流，可以共享太平洋之利？

可以，讓台灣回到原來的家——一個中國——不要成為美國人的鍵島基地——不要成為西方強權圍堵中國的馬前卒，先死的砲灰。如此，鍵島瓦解、消失，海權——陸權不再對抗，只有交流一途，大家在太平洋上交流，這將是國際和平一大穩定力量。

貳、兩岸永久和平：一個自由民主的中國

回顧兩岸數百年交流歷史，舉凡中原內戰、專權、貧窮等，就會有少數政權流落海島台灣，因而在台海地區帶來動亂。若排除上項諸因素，則台海地區就是和平的。很明顯的，台海的永久和平有一個前提——自由、民主、繁榮、強盛的中國。

準此原則，台灣想要得到永久和平的前提，就是一個中國，但目前並非兩岸統一的最佳時機，不過可以先從「一個中國、各自表述」開始，至少是邁出和平的第一步。

行政院秘書長邱義仁先生，在九十年六月二十三日到日本訪問，在東京演講「台灣的統一底線是中國的民主化」。邱先生的理念正與本文一致，只要中國民主化達到一定水準，統一就是很自然的事，這才是兩岸永久和平之道。不知其他各黨尚有如此高明之見解否？

參、暫時政經文教交流取代「武力交流」

自古以來與國之間，想要降低戰爭的危險，減少「武力交流」，不二法門就是增加「政經文教」等民間交流，但這仍只是「以拖待變」的辦法。

由民進黨所主導的台灣現況亦然，當一個中國各自表述也不能接受，而且把一個中

國退居到「議題」層次。如此，必然是向戰爭靠近了，防衛作戰才會需要用到神盾、TMD等兵器。於是，執政者急著要「降火」否則老百姓可真的「火大了」。邱義仁強調，實施小三通、銀行在大陸設分支機構、大陸新娘在台灣找工作、高官可以訪問大陸，積極遣返大陸偷渡犯等都是善意的表現。但也只是暫時取代武力交流，「以拖等變」，萬一變向戰爭怎麼辦？

目前的執政者，政治向左走「機會獨立」取向，民間交流向右（也可能是中國市場強大的吸力所致）。這一左一右的矛盾，使和平可能是很短暫的，如何在矛盾中找到「統一」，看國人的智慧了。

肆、最低層次和平：經由戰爭取勝

若中共武力犯台，台灣防衛如何取勝？我在「決戰閏八月」和「防衛大台灣」（金台灣版）兩書，都有詳密申論。

「民主數人頭、戰爭打破頭」，所以「地大物博人多」不一定打贏仗，地少人寡也不一定打輸，否則以色列如何在每次以阿大戰中，打敗大過自己百倍的阿拉伯聯軍。

台海戰爭爆發，國軍以「內線作戰指導」和「不決戰戰略」，全民奮起支持戰事，無人逃跑避禍，並爭取國際外援。防衛作戰立於不敗、取勝，得到最低層次短暫的和平，依然有望。但，這是下下策。

本講我列出四個層次的和平，諸君如何選擇？

在第九詭中，我從「戰爭與和平」的角度，與諸君聊聊中共是否可能犯台的時機與能力、防衛作戰評估、從「境內決戰」到「境外決戰」、從愛國者到TMD和核武，最後提出台海地區和平方案，從最高到最低層次的和平。

「大決戰」一書的作者江深和陳道闊二位，深入報導「徐蚌會戰」(中共稱淮海之戰)後，在序文中說，撥落了歷史的迷霧，揭開了戰場的真相，人們畢竟可以發現：戰爭解決不了中國人的問題，也決定不了中國人的方向。

近代中國戰火連年，無數人祖孫幾代都在顛沛流離中過活，命如螻蟻，和平是兩岸共同悟出的「道」。「打仗真是打怕了！」

第十詭

「國」「家」安全重要，別打了！

「國家安全」（National Security）一詞，
目前似為國內各界愛用之顯詞。
不僅國防、外交、統獨，甚至經貿、大陸學歷認証、學者互訪等，
都可以和國家安全扯上關係。
想做的事用國家安全的理由去做，
不想做也可以是國家安全的原因。

這一詭我要從兩岸關係的大架構下，
深入解讀「國」「家」安全，
並呼籲兩岸，居於這個原因，別打了！
「國」休兵，「家」安全，好好過日子。

第一講

國家安全是甚麼？

「安全」（Secutity）一詞是很廣泛運用，但符號模糊，爭議也多的概念。安全也是人類的基本需求，人們的需求是層級發展的，從最基層的生理需求開始，層層向上昇華，到安全、社會、自我實現及利他的層面。所以「安全」是人們與生俱來就想要的東西。

「國家」（State）自古就有，但現代國家從盧梭（Jean Jacques Rousseau，1712-1778）才有的。而且現代民族國家日趨複雜，除土地、人民、主權和政府基本要素，還有更多民族、文化、地理、歷史等背景因素。國家如同個人，生存安全是基本需求，只是國家安全範圍更廣、更複雜。理論上把國家安全的內容區分三個層次，分述如後。

壹、軍事安全——確保國家安全的軍事條件

通常「軍事」就是指單純的三軍武裝部隊，凡已服役或已動員之人員、武器、裝備、財力等，均概屬軍事系統內事務。「軍事安全」是直接運用軍事力量確保國家安全，其中包含建軍。備戰及用兵三方面問題。

第一、建軍。要建立多大的軍隊才能保護自己國家的安全？以色列十四萬，南韓六十萬，中共二百八十萬，美國一百八十萬，我國現在是四十萬。各國仍正在裁軍中，要維持多少兵力，就看國家的建軍目的。各國建軍或許有階段性目的之不同，一般有三：對外抵禦外侮，維護國家安全；對內平定內亂，確保國家安全；維護世界和平（也是間接確保本身安全）。我國當前的建軍目的，在防止（嚇阻）中共以武力犯台，制止潛在敵人（日本）對我國有領土野心（如釣魚台），防止內亂和維護國際和平均為次要目的。

若無四十萬國軍在（早期六十萬），想必解放軍早已「統一」了台灣，今日何須苦苦安排會談？而日本也早已進一步「染指」釣魚台，何須簽訂甚麼「漁業協定」？故建軍不僅確保安全，也維護國民在國際上的基本尊嚴。

第二、備戰、有了建軍之後，就是備戰，以阻止戰爭，或不得已而戰時求取勝利。故所謂「兵可百年而不用，不可一日而無備」。備戰有「預備」和「完備」兩個層次，「完備」更是無止境的，完備「過了頭」也可能變質。例如台灣防衛作戰的定位是「防衛」，但若為求「完備」向美國買神盾艦，加入TMD，打「境外決戰」，甚至研發核武，是否可能成為「攻勢國防政策」，而遭來殺機，則是須要顧慮的問題。

我國目前對「完備」的重點，分動員計畫、應變戰備和作戰計畫三部分。首先「動員計畫」是平時對人力和物力的準備，以滿足戰時需要，常備部隊持恆演訓，後備部隊也要實施教召訓練。其次「應變戰備」以反制中共武力犯台的「第一擊」，運用現有指管通情系統，早期預警時間，深化戰場經營。特別是戰備部隊全年度警戒待命，以應付敵人隨時可能入侵。最後「作戰計畫」，如何打這場防衛作戰的戰略，戰術計畫，現階段以兵種協同、三軍聯訓、反封鎖、反登陸作戰能力為目標。

第三、用兵。如何用現有兵力打贏一場戰爭，這是兵器、略術及智慧的運用，並無一定的標準。但「良將」知道如何戰勝敵人？歷史上「以寡擊眾」例子很多，所以四十萬國軍一樣可以重殲來犯之敵。

貳、國際安全——確保國家安全的國際條件

國際安全（International Security）的範圍日愈廣泛，如合作安全（Cooperative Security）、恐怖主義、經濟危機、環境公害、核武擴散，甚至愛滋病流行，都算是國際安全問題。但依照聯合國憲章規定，成為可行的制度者只有兩種：集體安全

（Collective Security）與區域安全（Regional Security）。前者如經由聯合國介入運作，於一九九〇年對伊拉克入侵科威特的制裁；後者如北約制裁南斯拉夫的戰爭。

因為我國非聯合國會員，多數國家亦無邦交，故國際安全我國大多不能參與，也難寄以厚望。對於「中共武力犯台」一事，除交付「國際道德」約束外，重要的還是靠中美關係的經營，以間接得到「國際安全」的保障。

參、內部安全——確保國家安全的非軍事條件

歷史上總有些很弔詭、很迷思（Myth）的問題，例如「亡國滅種」慘據，到底歸責於外敵呢？或是自己本來就該死快死了？湯恩比（Arold Joseph Toynbee）說的好，外敵最大的作用，只能在一個社會自殺卻尚未斷氣時，給它最後一擊。準此而言，「中華民國在大陸」本來就該被終結掉，共產黨何過之有？

所以，國家之生存、安全與發展基礎，根本在內部安全方面。包括政治統治的合法性、經濟發展、民政、民防、保防及科技等基礎建設，乃至現代化制度建立，危機處理，社會與文化活力培養。此處雖把國家安全分成三個層次，但面對恐怖主義可能盛行的未來，例如美國的「九一一」危機，顯示國家安全不能區分內外，而是內外一體的。

第二講

我們的國家安全政策是甚麼？

美國把國家戰略（National Strategy）對外公開稱「國家安全政策」（National Security Policy）。國內學者孔令晟教授認為國家安全政策是對外政策重心，國家安全政策就是大戰略構想（Gtrand Strategy Concept）。

但國家安全政策的內容是甚麼？一般是包括政治、經濟、心理和軍事四大政策。有些國家處於非常狀態（戰爭或分裂），又有所謂「非常時期政策」（如南北韓統一政策、前西德新東進政策）。歸納理論及實務需要，我們的國家安全政策為國防、外交、經濟和大陸政策四者。

壹、我國現階段國防政策為何？

國防政策分成兩部分：戰略計畫和施政計畫。前者即戰爭計畫（含應變計畫），由參謀本部（General Staff）負責計畫作為，在國防部內自成一個作業體系，例如「台澎防衛作戰計畫」、「金門防衛作戰計畫」，都是重要的戰略計畫。後者就是「建軍計畫」，如「十年兵力整建計畫」。

國防政策制定依據國防思想、國際情勢、國家安全威脅來源、國家利益、國家目標、軍事戰略計畫、歷史與地理等諸多複雜因素形成。基本上我國目前的國防政策，性質屬「一個中國」國防政策，隨著民進黨執政可能正在「質變」中，若獨立傾向高漲，戰爭可能性增加，境外決戰之必需，恐要重訂國防政策了。

至少在現階段以「止戰而不懼戰，備戰而不求戰，主動而不被動」之構想，依「防衛固守、有效嚇阻」的政策指導，「戰略上持久，戰術上速決」，以確保國防安全。但目前亦可能與美國「準軍事同盟」形成，破壞了這個原有的構想，雖不求戰，也可能遭惹戰爭，反而帶來更多不安全，能不深思乎？

貳、我國現階段經濟政策為何？

經濟稱「建國」之學，經濟與國防有互為因果和支持的關係，故一國之經濟政策仍在國家安全體系內，包括經濟政策目標與工具，財政、貨幣及直接管制效果的使用。

現階段我國經濟政策也因國家定位不明、統獨問題及意識形態糾纏困境，造成經濟衰退，幾有動搖國本之顧慮（前蘇聯就是這樣垮台）。檢討現況有下列困局尚待突破。第一、經濟開發與環保失衡，孰輕孰重？相爭不下，被犧牲掉的是信心。第二、產業升級成效不彰，導至傳統產業生存困難，第三、亞太營運中心可能虛構化，八十四年開始規劃至今未見成果，是經濟建設重大打擊，第四、「戒急用忍」與「大膽西進」舉棋不定，大陸商機大多已流失。第五、「小三通」未見看好，「大三通」遲遲不通。綜合以上難解習題，台灣產業大量外移至大陸勢難避免，中國是市場上的「黑洞」，台灣那裡逃？

參、我國現階段外交政策為何？

外交的基本功能是保護國家及僑民利益，觀察與報告，代表國家發言及談判。外交政策的目標有維護國家安全、增進人民福祉、維護獨立自主地位、爭取邦交國及國際輿論、解決國際爭端等。

我國現階段外交政策是「務實外交」，這可能是從國民黨政府到民進黨政府，較能「一以貫之」的一項政策。畢竟不管誰執政，都經不起邦交國愈來愈少的打擊，雖然只有二十多邦交國，中華民國招牌還是高高掛起來。未來不管那一黨執政，此種不拘官方、半官方或非官方的外交形式，在國際舞台上折衝樽俎，廣結善緣的務實外交還是要推動。

肆、現階段大陸政策的困境何在？

大陸政策是我國很特別的一項政策，而且大陸政策不搞好，其他的國防、外交與經濟都很難施展。從八十四年台海情勢升高，我國投資環境開始滑落，美國國會發動「送愛國者飛彈給台灣」，中共公開宣稱「台灣問題比起美中關係重要。」這些種種都起因於大陸政策的定位找不到，這種定位來自三方面影響：國際政治環境變動、大陸內部及台灣地區。

民進黨政府上台，大陸政策更顯困局難解，原因也是這三方面。國際上是強權爭霸，陸權與海權對抗，台灣在夾縫中生存，不知向洋或向陸發展。其次大陸因玩「兩手策略」，企圖經濟上「拉住台灣」，外交上「孤立台灣」，軍事上「吃定台灣」，而台灣愈來愈沒有本錢和中共玩。最後是台灣內部統獨之爭，統獨不解，台灣終究被自己拖垮。

還有，國家安全除國防、經濟、外交和大陸政策外，我們的反恐怖主義政策在那裡？這是國家安全的新威脅。

第三講

國家安全與戰略關係

記得我在前面提到國際稱台灣是「戰略文盲」，評價李登輝訪美是「正確的事實、錯誤的戰略」。我在前講也針對大戰略和準大戰略檢討過我們的困境，但尚未把戰略系統與國家安全的關係做個比對。談國家安全絕不能丟下戰略不管，凡不顧戰略者，必陷國家於不安全，李的訪美及其「兩國論」都屬這類問題。

與國家安全直接相關者，是戰略系統的四個層次（野略、軍略、國略、大略）及地緣戰略。

壹、國家安全與野戰戰略

野戰戰略是指導戰爭、戰役立於不敗，且直接而必需的技術與藝術，以眾擊寡，以寡擊眾，凡要制勝都需要野戰戰略指導。捨此而求勝，只有靠運氣（意外、命、緣）。

不顧野戰戰略指導，百萬雄兵敗在數萬手下者（如亦壁之戰），中外戰史不絕於書；凡講求野戰戰略指導者，以寡擊眾也不絕於史書（如孫子伐楚、孔明空城計）。野戰戰略取勝之道有三個重點：第一、形成重點，避免兵力分散，不論攻守，都在主戰場保持優勢兵力。第二、把重點指向一個目標，避免同時爭取一個以上目標，未決戰前，應控制有力的戰略預備隊。第三、掌握用兵要訣：不斷針對戰場狀況進行判斷（敵、我、力、空、時地），做有利的佈局。

基本原理大家會用，只是有勝有敗。台灣防衛作戰如何運用野戰戰略指導取勝，下列三點是很重要的。第一、隨時保持優勢兵力（我之優勢來自敵人的分離狀態，如空降台海地區每梯次約二千五百人，登陸船團受前後分離。）第二、重點指向優先目標，這是指「危害最大的目標）；次要方面則要節約兵力。第三、「戰略上不決戰、戰術上儘速決戰」，其目的在保持一個最後戰力。

一場戰爭就決定國家安危，大家都知道兩岸戰力比台灣是劣勢，惟野戰戰略指導下，國軍有許多機會是優勢，使共軍反成劣勢。

貳、國家安全與軍事戰略

軍事戰略的內涵，不僅是運用現有戰力達到國家安全目標，同時還要「勝兵先勝」

建立所要軍事力量，使國家受到威脅時有可用之武力。故賴軍事戰略以維護國家安全，手段就是「建軍」，也是國家發展過程中的重大國政，各國的國家發展莫不以建軍為大。

我國軍事戰略由國防部策訂，包含建軍構想、兵力整建、備戰計畫等。但一國之安全並不能全由軍事戰略決定，仍須再受到大戰略、國家戰略和國家安全政策的規範。

參、國家安全與國家戰略

現代國家之安全並不全靠軍事力量，此在國內外，甚至一般百姓應有共識；而是靠國家的「總國力」，確保國家最後的安全。這個「總國力」我國分稱「政、軍、經、心」，但中共細分成資源、經濟活動能力、對外經濟活動能力、科技能力、社會發展程度、軍事能力、政府調控能力、外交能力等八項。

國家戰略的特點，是必須有一個明確的「國家目標」，才能做出正確的全般情勢分析與判斷，訂出可行的「國家戰略構想」，依此構想確保國家安全。這一部分我國明顯吃虧，國家認同問題，統獨沒有交集，使得我們的總國力在日趨萎縮，內部力量相互抵消，維護國家安全的力量日愈不足，這確實是讓人憂心的事。此外，面對未來新世紀，「不對稱戰略」、「反恐怖主義戰略」必須提昇到國家戰略的層次，而我國在這方面的研發也落後太多。

肆、國家安全與大戰略

在前講「大戰略檢討」時談過這方面問題，重複處不再贅述。此處略述如何經由大戰略取得國家安全，自古以來，國家或國家集團為求生存，求發展，或確保各自利益與安全，不出二種途經：霸權擴張與權力均衡。嚴格說來，在國際體系下欲得國家安全，只有「權力均衡」一途，凡結盟、聯防或對抗之不同體系，「能均衡、便有安全」，縱使「恐怖平衡」也是安全的。

反之，若失去均衡，任何一方之擴張，就是另一方的不安全。例如現在美國小布希積極擴張軍備（NMD、TMD．太空軍種），雖說維護本身安全，但卻對中共、俄羅斯，乃至台灣帶來不安全。故經由大戰略規劃國家安全，除設法取得國際助力外，更重要的是不要破壞了現有權力均衡體系。在夾縫中求生存的小國寡民，若破壞了權力均衡，只顧找幫手，也易於「找到幫手反惹殺機」的困境。

在戰略架構下，另一個與國家安全有直接關係的是地緣戰略。更應該稱這個關係是「血緣的、先天的」關係，台灣與大陸就是這種共構聯結，才會是「割不裂、分不開」的共同安全；割裂、分開，反而雙方都不安全。

第四講

台海大戰威脅那些「國」家安全？

當我講完了國家安全的涵義、國家安全政策和國家安全與戰略關係後，接著要把場景搬到一個模擬舞台：台海大戰爆發，國家安全的真實反應情況如何？最精確的實況或許該說，那些「國」家安全會受到威脅？

壹、當前宏觀的全球地緣戰略架構

冷戰時代的全球地緣戰略架構，是民主與共產的兩極對抗，台灣是民主陣營中之一員。民主陣營對抗共產陣營依循的理論，是施比克曼（Nicholas J.Spykman，1893-1943）修正麥金德（Sir Halfard J.Mackinedr，1861-1947）的新公式，我再加補強繪圖（第三詭第四講），其文字說明是：欲控制世界命運，必須控制歐亞大陸；欲控制歐亞大陸，必須控制邊緣地帶。

冷戰結束十年了，許多人都說這個全球地緣戰略大架構也變了。我認為大架構並未改變，只是重心調整。現在把重心調到亞洲，二〇〇一年六月「美日大衛營會議」後，美日同盟關係確立，美台「準同盟關係」似可預見。另一方面歐洲事務交給歐盟和北約，北約東進也對俄羅斯形成壓迫，圍堵中、俄者還是邊緣地帶上這條「內新月形帶」（北約——美台——美日——美韓）（看第三詭第四講圖解）。

另一被圍堵陣營中國和俄羅斯亦不干示弱，兩國加緊軍事同盟，中國和週邊國家（印度、中亞各國）不斷進行各種合作關係。新冷戰、新圍堵，鹿死誰手？尚未能逆料也！

從冷戰、後冷戰到新冷戰，台灣始終和美國站在一邊，圍堵中國。但現在台灣有了新困局，政治上大膽東出與美國結盟，經濟上大膽西進圖瓜分一點點中國市場。這樣的左右矛盾，至今尚未找到平衡點（均衡表示安全），在全球戰略大架構下，吃虧的只有小國寡民。縱使大國犯錯，也會叫小國當「替死鬼」。

貳、當前微觀的全球地緣戰略

微觀是從局部看整體的大架構，因為局部地區破壞均衡關係，就會影響到全球地緣戰略重構。目前強權所最關心的區域問題，在亞洲是南北韓、台海、南海、印尼、印巴，這些地方都是戰爭導火線。

在歐洲就是素「歐洲火藥庫」之稱的巴爾幹半島。南斯拉夫分裂後，至今各分裂獨立國還在打仗。中東問題則在伊朗、伊拉克，以色列的角色頗似台灣「美國的武器試用場」。

另外，還有分佈在全球各地的恐怖主義（兩伊、阿富汗），都對大國（美國）構成嚴重威脅。有些則屬美國人定義下的「流氓國家」（北韓、兩伊、古巴、利比亞、蘇丹、敘利亞、南斯拉夫都曾經是。）通常發展核武生化武器，援助恐怖活動，公然與美國為敵，就是「流氓國家」。但印度、巴基斯坦也研發核武，美國人卻不敢稱他們「流氓國家」。可見所謂「流氓國家」，充滿著美式價值標準「普世化」的企圖，也有嚴重的雙重標準。

微觀全球地緣戰略，有這麼多的「引爆點」，任何時候引爆任何一點，都可能破壞全球大架構。勿使台灣成為「引爆點」。

參、引爆台海大戰威脅那些「國」家安全？

在全球地緣戰略大架構中，台灣選擇了配合美國圍堵中國，也等於選擇了未來可能難免一戰。以下是一個假設，以進行「虛擬驗証」，目的在解釋台海衝突可能的後果。

若台灣一步步向台獨傾斜，終於中共以武力進犯台灣，企圖武力統一中國；台灣雖陷於政經失控，仍奮起防衛。

美、日依既有條約規定，可能以相當程度介入，阻止中共武力犯台。若然！中共總動員對美、日、台發動全面戰爭。新疆、西藏趁機獨立，其他各省有蠢蠢欲動者，中國對內加強武力鎮壓。

俄羅斯並未「忘情」於中國這塊肥肉，中俄衝突發生；北約趁機再「東擴」，俄羅斯再陷兩面作戰，並自陷分裂戰爭。

印度早想解決中印未定界，中印大戰一觸發；巴基斯坦有了報仇機會，印巴大戰爆發。

英美向來是「兄弟國」，美國和以色列更是「父子國」，一定幫美國的忙。伊拉克趁亂向以色列發動報復戰爭，中東各國「國國自危」，唯獨伊朗看中這是統一回教世界的機會。

中東大戰爆發，世界大戰爆發……

還好，我只是這樣「假設」，別忘了！假設經過驗証可以為真。我在本書即將完稿時，美國發生「九一一」危機，正在驗証我的假設。

以往討論國家安全，都只限於對我國（中華民國）的安全威脅。事實上因全球地緣戰略關係，前述假設極可能成真，就有許多「國」家安全受到威脅。

第五講

中國長治久安之道

國家安全最後的難題，是國家長治久安之道——國家的永遠興盛，永續發展。（事實上人世間並沒有永生不死之事物存在，只是國家和人一樣都希望「青春永駐、長生不老」。）這是國家安全的「完美境界」，必需要俱備四種要件：現代化國防與軍事建設、外交關係與國安全戰略經營、民主統一與富強。今以中國為例詮釋之。

壹、長治久安要件一：現代化中國

兩岸都在進行現代化（Modernization），這表示兩岸仍有一些交集。可惜中共只進行「四個現代」（國防、科技、工業、農業），只差一個「政治現代化」，若中共也完成政治現代化，相信全中國的現代化是指日可待。所謂「現代化國家」有三個指標，第一個就是現代化，特別是政治現代化不可缺。第二個指標是民主政治制度的建立，民主不一定要「美式」，但要俱備民意、法治、責任、政黨政治，多數決定及民主多元社會。

第三個指標是「開於社會」（Open Society），特質是意見及機會公開的社會，進步及流動性（Mobility），並且是自由、理性及保護弱勢者的社會。有了這三個指標，可以確保政治體系不易崩潰，有利於國家長治久安。

貳、長治久安要件二：現代化國防軍事建設

現代化國防軍事建設，軍隊必需是開於社會系統的「子系統」，不能是自外於社會的「封閉系統」。內部組織要能縮短「指管通情」通路，俱備打「第三波戰爭」的水準。

此外，最要者是軍隊國家化，不能是黨派政治的鬥爭工具。「軍隊國家化」涵義如下，第一、軍隊在政治上保持中立態度，軍人不干預政治決策。第二、軍隊只扮演專業角色，以其專業知識和技術從事建軍備戰。第三、軍隊屬於國家和全民所有，不屬於任何黨派，即超越黨派，效忠國家。第四、軍人服從文人政府領導，接受政府政策規範。

這部分中共仍堅持共產黨專政，並「以黨領軍」，要軍隊國家化眼前是不可能的。但要現代化道路走下去，兩岸軍隊都要國家化（中國化），長治久安才是可能，否則

「一國兩軍」將永無寧日。

參、長治久安要件三：外交與國家安全戰略

國家欲求長治久安，外交與戰略兩大途徑必須整合，才能兼具宏觀與微觀性質，而能林樹俱見，鉅細靡遺，這個整合的結果就是「國家安全戰略」。

思考我國現階段國家安全戰略，其目標有國家生存與發展，避免台海兩岸發生武裝衝突，以自由、民主方式整合兩岸，完成國家統一。不過這項目標民進黨政府定位成「議題」，換言之，國家安全戰略目前是沒有目標，即無目標，就無法策訂國家安全戰略，是多麼危險的事！

肆、長治久安要件四：中國之整合與統一

整合與統一是國家安全，追求長治久安最後的難題。大凡一個國家，整合未完成就有國家認同問題，如俄羅斯（車臣獨立）、加拿大（魁北克獨立）、印度（錫克族獨立）等，必不能長治久安。

中國目前的國家認同問題，大概是全世界最複雜的特例。國際上有不少人弄不清中國、中華民國和中華人民共和國的差別何在？他們會問「不都是中國嗎？」，更何況尚

有台獨、藏獨和疆獨糾纏著！若中國要成為現代化的中國，長治久安，整合認同就要解決，回到「一個中國」才有機會。

我們在討論「亡國」原因時，談到外部或內部原因，知道國家之亡是內部腐化、惡化開始的。換言之，社會內部瓦解是「因」，亡國只是最後的「果」，但「社會為甚麼會變成即將瓦解的樣子呢？更初始之因何在？盧梭在「民約論」中說，議會私利抬頭，意見沒有交集；多數人都說「國事於我何干？」；公民不想公共服務，願意出錢而不出力；政府首長專政集權，不依法行政，以上諸項都是國家衰亡之徵候。

在本書最後的第十詭中，我以國家安全為主軸，與諸君聊國家安全及其政策，特別是台海大戰時有那些「國」家安全受到威脅。至於國「家」就不計其數了，無數國「家」可能妻離子散，這些情況我們可曾想過。當然，中國要長治久安，台海地區要永久和平，中國之整合與統一勢必要完成，並完成現代化建設。這才是國家安全永久的保障。

總結

幕落劇未終

剖析兩岸所有問題，
我已和大家深談過十個弔詭，
就像是十個難纏的「魑魅魍魎」。
一切善惡其實存乎一心，
全書都是我在談，
我要幫你解開這十個結，
在這落幕時刻，
我真心告白：我何德何能可以解開你心中這十大結？
真正可以解開這些糾纏的，
是諸君你自己。

我頂多只能是一個、觀察者、詮釋者，或是一個傳道者，或啟蒙者、開封者，能否得「道」！在你，不在我！為助君得道，重新反思這十詭，並檢驗自己是否真解開：

第一詭，五個夢，是五個政治神話。關鍵是那個夢較有實現的機會？那個較有利？

第二詭，台灣獨立，你還當這是真理嗎？國際上那些獨立成功的？強權真的支持嗎？

第三詭，統一，這也不是真理，但未來一定統一嗎？強權真的支持中國統一嗎？

第四詭，整合或統合？國民黨和親民黨反而不敢談「統合」，民進黨撩落去「統合」，由兩岸民心來統合最真誠可靠。

第五詭，中華民族主義抓不住海內外中國人的心嗎？問題出在「中共」不在「中國」。

第六詭，把民族主義易容、異化，換成「愛國主義」出場也是不利，愛那「國」啊？

第七詭，「台灣民族主義」，真有這東西嗎？仔細研究卻「沒影沒架」。

第八詭，「前進聯合國」，走上國際舞台，最佳路線：條條大路經北京。這是全球大戰略架構，「近路」反而走不通。

第九詭，「戰爭與和平」，從戰爭途徑思考，台灣要神盾，TMD可能還不夠，最後要核武。從和平途徑思考，台灣只須要一個「永久和平方案」。

子散。

第十詭，國家安全，最終目標是「長治久安」，先解決國家認同，中國才可能長治久安。反之，台海大戰將有許多「國」家安全受到威脅，無數國「家」慘遭蹂躪、妻離子散。

最後，我把經營之神王永慶也拉下海，他道出一個常識，台灣的希望在「一個中國」。王永慶先生和我一樣，反對美國人拿台灣當砲灰，泛藍民意不支持台獨，陳水扁也說不搞台獨，那就不用打仗了，美國人要武力介入甚麼呢？

諸君看到真相否？看到真相就能解開十詭，只要一詭解不開，便心中有「鬼」。現在兩岸的領導階層很多從對立面看事情，沒有從「和」或「合」的角度看問題，所以，處處有詭，就心中有鬼。

讀者若讀完本書，尚覺有惑解不開，那麼，把全書再讀一遍吧！